JN094926

伊藤 誠

Itoh Makoto

『資本論』と現代世界

マルクス理論家の追憶から

青土社

『資本論』と現代世界　目次

『資本論』と現代世界　マルクス理論家の追憶から

著者である伊藤誠氏は二〇二三年二月七日に亡くなられました。本書は著者が生前、社会主義協会刊『科学的社会主義』の二七七号（二〇二一年五月刊）から二九四号（二〇二二年一〇月刊）のあいだに計一〇回連載された文章をまとめたものです。

文章については、あきらかな誤植などを訂正するにとどめ、適宜必要な箇所については〔編集注〕を付しました。また日本語書籍、邦訳書籍の刊行年は漢数字、海外文献の刊行年はアラビア数字で記載し、登場する主な書籍については、巻末の文献一覧にまとめました。

日本と世界で身近かに接してきたマルクス理論家の追憶をシリーズで書いてみませんか、と本誌〔編集注――『科学的社会主義』〕の編集部から提案をいただいた。回想録は好みでないし、まだその歳でもないと辞退したい気もした。しかし間もなく八五歳、はたからみるともうよい歳ごろなのだろう。お世話になり影響をうけた多くの先生、先輩、友人に感謝しつつ、マルクスの『資本論』にもとづき、現代世界をいかに理解し、未来になにを期待するか、私なりに興味をもって学びとり、いまだに少しでも研究や思索を深めたいと願っている諸問題を再確認してみるのもよいかと思うにいたった。一〇回の連載を予定しているが、読者のかたがたに私的な回想にとどまらない広い現代的関心につうずるエッセイをマルクス理論家の追憶とともにお届けできれば、と考えている。

1　社会科学としての経済学を求めて——相原茂と玉野井芳郎、他

（1）『資本論』読書会

ふりかえってみると、経済学を志望するようになったのは子どものころからではない。小学生低学年までは戦争で肺浸潤もわずらい、空襲や食糧難もあり、外房州に疎開しても東京に向かう米軍機に登校途上の隊列への機銃掃射をあびたりして、長くは生きられないだろうと思っていた。生きていたら、父と兄も工学系だったので、おなじように科学技術畑で仕事をして国や社会に役立ちたいと考えていた。敗戦のときは小学四年生くらいで、戦後民主主義への開放感は多少とも感じてはいたが、自分の志望がそれで変わることはなかった。

新制の区立中学で親しくなった渡部義任君は、はるかに早熟で、マルクス、エンゲルスなどの著書をすでに読み、L・トロツキーの『裏切られた革命』（山西英一訳、論争社、一九五九）などをいちはやく貸してくれた。それは、父上の共産党の国会議員も務めた日本古代史研究者の渡部義通氏に由来していたことは、後になって知った。しかし当時は、私はマルクス主義や唯物史観にあまり関心が向かず、それはブルジョア的家族で育った偏見だとからかわれながら、彼とは高校のころまで囲碁を打ったり、絵をいっしょにかいたりして遊んでいた。

そのまま大学受験が近づき英語の勉強のつもりでたまたま読んだのが、B・ラッセルのBB

C放送講演をまとめた『原子力時代に生きて』（英宝社、一九五四）という小冊子だった。数学者で哲学者でもあるラッセルは、人間を幸せにし、豊かにする目的で開発されてきた科学技術が、原子力爆弾に使われ、その脅威が冷戦構造のもとで人類にとって絶滅をもたらしかねないダモクレスの剣のような危機に転化している。これをどうしたらよいか、と問いかけていた。

それを読んでショックをうけた。工学や科学技術を勉強して、果たして人間社会の福祉にかならず役立つのか、考えざるをえなくなった。ラッセルも十分答えは示していない。しかし、その答えが自然科学の領域では与えられないであろうということはわかった。それで社会科学を学んでみたいと考えるようになり、志望が変わった。ラッセルが問いかけていた問題は、自然科学や科学技術の発達と資本主義によるその利用が生み出すゆがみや危険をめぐり、現代世界における地球温暖化の脅威などの自然災害との関連でも、重要な意義をもっているのではないか。しかし、大学入学（一九五五）後も、そのような問題を社会科学としてどのように解明することができるか、すぐにわかるものではなかった。

当時の駒場での教養学部文科一類では、三年目から法学部と経済学部に進学予定の新入生がいっしょのクラスに入れられていた。クラスメートにも先進的仲間がいた。高校生のころから向坂逸郎先生のお宅での『資本論』研究会に参加していた小山茂樹君もそのひとりで、砂川での米軍基地反対デモに誘ってくれたり、クラスのなかでの『資本論』読書会をたちあげたりしてくれた。後に経済企画庁において中東問題の専門家として多くの著書も残し、母校などの非常勤講師、中東経済研究所所長、東北文化学園大学や千葉商科大学の教授も務めた逸材である。彼が組織したクラスメートとの『資本論』読書会は、本郷に進学後も法学部にいった仲間ともいっしょに続けていた。五月祭で展示をしたりして。

この読書会ではじめて接した『資本論』が、実は社会科学としての経済学を学ぶうえでたぐいまれな最高の古典であることは、長い年月をかけて納得できるようになってきたところである。読みはじめてすぐに分かったことではない。むしろ生意気な若者として、大きな書物でも二年もかければ飽きるのではないか。一生『資本論』研究にかける学者がいるというのは信じられないとも思っていた。しかし少し読み進めてみると、それまでのなんでも早わかりできるように思っていた思考方法ではとても咀嚼できない、その重くて奥深い理論的思索の展開に衝撃をうけた。すぐに理解できないところも多い。少しゆっくり時間をかけて解きほぐしてゆかなければならないのではないか。いまになってみると一生かけても興味が尽きないし、追いつけない気もしてくる巨大な宝庫のような名著に思える。

このほんのビギナーの読書会に小山君が相原茂先生をなんどかつれてきてくれた。いまでも信じられないところだが、先生も気軽にいらしてくださり、大いに励みになった。第一巻第二章の交換過程論で、商品所有者のあいだの商品の価値と使用価値の矛盾した社会性と個別的欲望との関連をめぐり「われわれの商品所有者たちは、当惑のあまり、ファウストのように考え込む。太初（はじめ）に業（わざ）ありき。だから、彼らは、考える前にすでに行っていたのである。」（以下『資本論』からの引用は岡崎次郎訳、国民文庫版により①一五九ページのように分冊の番号とページ数のみを記す）と述べて一般的等価物としての貨幣の生成を説いているところがある。その理論的意義がわからないとわれわれがたずねた。先生は、遊牧民が家畜といっしょに旅し生活しながら家畜と交換にさまざまな場所で必要な生産物を手に入れていたことを考えてみれば、と示唆された。この印象的示唆は、マルクスが続いて『ヨハネ黙示録』から「彼らは心をひとつにし、自分たちの力と権力とを獣に与える。この刻印がないものはみな、物を買うことも売ることもできないようにした」という箇所を引用しているところを解説されたようにも思われる。しかしこの聖書からの引用で、貨幣成立の理論的謎が解けているのであろうか。

1958年（学部4年次）五月祭にて。『資本論』読書会の展示で解説をする著者。

もともと「商品交換は、共同体の果てるところで、共同体が他の共同体またはその成員と接触する点で始まる」（①一六一ページ）かぎり、遊牧民が重要な役割を商品交換やそこに生ずる貨幣の生成にかかわっていたことも十分推測できる。とはいえ、その史実と『資本論』第一巻第一章第三節の価値形態論における理論的な貨幣生成論との関連は、どう理解すべきか。いまだに考え続けている。それは現代貨幣理論（ＭＭＴ）の想定している貨幣国定説とはまったく異なる貨幣発生論で、そこから現代の不換銀行券や各種デジタル貨幣の理論的意義をどう整理し理解すべきか。『資本論』により現代世界を読み解くうえでもさらに考え続けてみたい。

（2）相原茂先生の教養の経済学

『資本論』の読書会にいらしてくださった相原先生には、二年次には教養学部の「経済学」の講義で独占資本の理論や組織形態などをめぐる研究の一端をうかがった。Ｐ・スウィージーの屈折需要曲線の想定による独占価格論などにもふれられ大いに興味を覚えた。学生のあいだでは頭のよい先生とされていた。向坂先生や有澤廣巳先生の学統をつぐ労農派の理論家で、社会主義協会も大切にされていた。

先生は東京の下町育ちで、柳橋で生まれた私には同郷の先生とも感じられた。東大の何倍も入学が難しい東京美術学校（現在の東京芸術大学）にも合格されていたことも、ひそかなご自慢でおどろかされた。江戸っ子らしい気風、教養と先進的見識の広がりを感じさせる学風にもひかれていた。教養課程のゼミでJ・ロビンソンの『ケインズ一般理論入門』（沖中恒幸他訳、巌松堂書店、一九四七）をテキストにされ、大学院でもJ・シュタインドル『アメリカ資本主義の成熟と停滞』（1952，宮崎義一他訳、日本評論新社、一九六二）やW・W・ロストウ『経済成長の諸段階』（1960，木村健康他訳、ダイヤモンド社、一九六一）など、非マルクス派の注目に値する理論的著作を、しばしば邦訳以前にテキストとされ、学ぶべきところや批判的に位置づけるべき側面をいっしょに検討してくださった。マルクス経済学の独特な魅力もそれによって深まる気もしていた。

『資本論』によるマルクス経済学の基礎理論に特有な魅力は、資本主義経済のしくみと運動法則の特殊な歴史性とそこに含まれる内的矛盾とその発現とを、重層的に追究する社会科学としての迫力に由来している。その魅力は、先行する古典派経済学にいたる先行の諸学派にも、ほぼ同時代的に古典派から分かれて発展した歴史学派や新古典派経済学にもみられないところではないか。その特質は、資本主義のしくみが資本蓄積を動因としつつ、自己破壊的恐慌を反復せざるをえないのはなぜかを理論的重要課題としてとりあげ体系的に解明しようとしていることにもよく示されている。もともと機械工学を志望し、運動するしくみに興味をもっていたせいか、経済学部に進学するころから、恐慌論に関心を強めていた。

その興味から相原先生の著書『蓄積と恐慌』（角川書店、一九四九）も読んで、マルクス派恐慌論の諸類型を学び、関心を深めた。とくに有澤先生が共訳したH・グロースマン『資本の蓄積並に崩壊の理論』（有沢広巳他訳、改造社、一九三二）についての理論的批判には感銘を受けた。グロースマンは、『資本論』第三巻第三編に示されている資本蓄積にともなう資本の有機的構成の高度化（雇用にあてる可変資本の相対的減少）による利潤率の傾向的低下の法則こそが、恐慌と資本主義の崩壊を必然化すると主張していた。しかしその主張は、資本蓄積にあてられる剰余価値量の増加率を不変としているために、資本家の消費できる剰余価値が利潤率の低下傾向につれやがて消滅するという結果が導かれていることに根拠をおいていた。それは恣意的前提による理論で恐慌の理論的必然性を論証するものとなっていない、という相原説は説得力に富んでいた。欧米マルクス派の一部にはグロースマンを継承する恐慌論がいぜん有力視されているが、日本の恐慌論研究ではこのタイプの恐慌論がその後みられなくなっているのはそのためではなかろうか。

一九五九年に大学院生になってまもなくのころ、相原門下で教養学部の助手から助教授になっていた先輩が塚本健さんで、博士論文として執筆中の著書『ナチス経済』（東京大学出版会、一九六四）の大部の手稿でふくらんだカバンをいつもたずさえていた。ほぼできあがったその原稿を読ませていただき感銘をうけた記憶もある。大戦間期の危機の三〇年がしばしば想起され、いまやファシズムへの危惧も再来しているかに思えるなかで、この著書も再読に値するものと思う。社会主義協会にとっても大切な役割を有する理論家であることは周知のところであろう。塚本さんが誘ってくださって、吉冨勝さんらもごいっしょに年始におしかけては相原先生のお宅でご馳走になっていた（大量のお肉と大根おろしの）雪鍋の味と香りも忘れられない。

（3）玉野井芳郎先生の学問的刺激

教養学部の授業では、城塚登先生が、まだ邦訳もなかったK・マンハイムの *Ideologie und Utopie*（1929）をテキストとされた原書講読の授業もなつかしい。ドイツ語は文法の手ほどきをうけつつある初学者で、文章も内容も難解なこの原書にてこずりはした。しかし新進気鋭の先生のさっそうとした講義にはひきこまれた。マンハイムのいう、社会思想の存在被拘束性をこえた全体的視野に立つことが、相対主義におちいらずにいかに可能か。そこにユートピアの持つ積極的意義がいかにかかわるか。マルクスの思想と理論との関係はどのように理解されることになるか。ほぼこうした論点をめぐり興味深い質疑応答が毎回のように交わされあきることがなかった。

その講読には、先生の名著『社会主義思想の成立――若きマルクスの歩み』（弘文堂、一九五五）の魅力も織り込まれていた。そこでは、ヘーゲルの壮大な弁証法哲学の体系に深くひかれていたマルクスが、やがてフォイエルバッハによる人間主義的唯物論への弁証法の転換に学び、さらにその宗教批判のみでは現実の社会経済生活での労働者の人間性の疎外を批判的に解明することものりこえることもできないことから、独自の唯物史観を社会主義の基礎として形成するにいたる経緯が明快に整理されていた。マルクスに特有な唯物史観とそれにもとづく社会主義思想とが、他の社会思想と異なる全体的視野に立とうとしていたのはわかる。としても、その思索は『資本論』の経済学との関係で、どのような関連にあるのか。毎回交わされていた質疑の核心には結局この問題が伏在していたように思われる。

この問題にもかかわり、教養学部での授業でさらに大きな影響をうけたのは玉野井芳郎先生の「経済学」の講義であった。その構成は、宇野弘蔵編『経済学』上・下（角川書店、一九五六）の第二部「経済学の発展」を分担し執筆された内容にしたがっていた。この部分は編者の宇野先生が玉野井君の傑作とほめておられたところにあたる。そこでは一七世紀に重商主義思想のもとで、資本主義の発生とともに独自の学問分野として端緒的に発達を開始した経済学が、一八世紀に台頭する政策思想としての自由主義思想のもとにいかに経済理論としての体系をF・ケネーらの重農学派、ついで古典派経済学としてのA・スミスとD・リカードの経済学において形成してゆくこととなったか。その経緯が、基礎理論としての価値論、剰余価値論を基軸に考察されていった。ついでその成果を継承しつつ、残されていた理論的問題点を克服した『資本論』の経済学の科学的成果が確認される。それとともに、資本主義経済の特殊な歴史性を解明する社会科学としての『資本論』経済学の確立により、資本主義を自然視する思想の限界ものりこえる学問的基礎が確立されたことが説かれていた。

この講義の内容は、マルクスの経済学史にあたる『剰余価値学説史』と『資本論』によりつつ、宇野弘蔵が『資本論』に学び社会科学としてのマルクス経済学は、唯物史観や社会主義思想を「導きの糸」とはしても、それらとは異なる次元で異なる役割を有し、あくまで客観的に史実と論理とによりだれにでも認識可能な学問体系を形成する課題を担っていると主張し、マルクス経済学を社会主義イデオロギーに依拠した学問であるとする通念にきびしく対峙していた方法論を重視し、経済学史のうえでそれを論証する試みを内包していた。

実際、経済学の歩みをふりかえると、まず重商主義の政策思想を説きつつその基礎として商品価値や貨幣の役割についての理論的考察が開始され、ついで全面的な商品経済社会としての資本主義の形成を予想しつつ、国家の保護や介入を不要とする自由貿易主義が台頭すると、その論拠として、重農学派を介し、古典派経済学において資本家、賃金労働者、土地所有者からなる三大階級の経済的基礎と関連が、利潤、労賃、地代の生産と分配の自律的しくみとして理論的体系化がすすめられた。しかし、資本主義市場経済のしくみを自然的な自由の秩序とみなすイデオロギーと一体化していた古典派経済学の理論体系では、労働力の商品化にもとづく資本主義の特殊な歴史性が十分解明されえないまま、剰余価値生産の原理が明確にされず、資本主義の内在的矛盾の発現としての恐慌論も欠如していた。

こうして、資本主義の発生、確立の世界史的過程のなかで、支配的政策思想の変転をつうじ、資本主義の自己認識としての経済学の歩みは、政策論と一体的な部分的で端緒的な理論にはじまり、やがて政策不要の自由主義の論拠を求めて、全社会の生産、分配、消費の反復が商品取引をつうじて可能とされる理論体系を形成してゆき、さらに資本主義の確立を経て、マルクスにより、その成果と限界が総合的にあきらかにされ、資本主義の歴史性を社会科学として解明する経済学の原理が『資本論』において提示されるにいたったといえる。

こうした認識をふまえてみると、社会思想やイデオロギーと社会科学としての経済学との関連は、見通しやすくなる。それらは存在被拘束性をともなうイデオロギーとそれをこえる全体的視野との抽象的な望ましい在り方をめぐる知識社会学の抽象的論議にも解決の方向を示唆している。相対主義におちいりがちな思想と理論のとりあつかいにも、異なる接近が開かれる。中学生のころから渡辺義任君にからかわれ続け、ブルジョア的家族出身の自分にはマルクスの思想や理論は不向きかと思い込み、ある種の劣等感や抵抗感を感じ続けていた被拘束感からも解放される気になった。客観的な社会科学としての経済学なら、出自やそれにともなう思想的偏りはあっても、きちんと理解し学ぶことができるのではないか。

数年後K・カウツキーが『農業問題』（向坂逸郎訳、岩波書店、一九四六）の「序言」で、当初「マルクス主義に批判的にまた疑問をいだきながらあい対していた。ただひたすら抵抗しながら私はマルクシストとなった」と述べて、その理論の妥当性にひかれていった経緯を述べているのを読んで共感を覚えたことも想起される。玉野井先生の講義はそのような社会科学としての経済学へ大きく心を惹かれる契機となった。同時にまた宇野理論への手引きともなり、読者会などでの『資本論』の学習にも大いに参考になった。さらに後年、新古典派経済学の優れた理論家、根岸隆さんと隔年で経済学史の講義を担当したときにも、玉野井先生の講義を「学んでときにこれを習う」という気分で想起しつつ、その内容を現代世界の経済学の主要な学派にまで拡充する試みを心がけていた（その要点は拙著『経済学からなにを学ぶか』（平凡社新書、二〇一五）にまとめておいた）。

玉野井先生には大学院のゼミナールでも多くの学問的刺激をうけ続けた。たしか博士課程に進学したころ、アメリカでの在外研究を終えて帰国された玉野井先生が、いくつかの新たな学問的刺激をもちこまれ、とっさには消化しきれない困惑もおぼえた。

そのひとつはマルクス経済学と（近代経済学と日本ではいわれていた）新古典派経済学との関係で、その延長上にマルクス労働価値説の成否を問う転形問題論争も提示された。数理的な新古典派価格理論や新リカード派（スラッファ）理論からの批判に応えて、マルクスによる労働価値説とその生産価格論への転化関係をどのように擁護できるか。とくに社会科学としての客観的認識を重視する宇野理論として見逃せない問題が提示されているのではないか。これを一契機にマルクス経済学から離脱していった先輩もみられた。しかし、そこには学問的にゆっくり研究と思索を重ね、その意義と解決を検討するに値する一連の問題もなお残されているように感じていた。

第二に、一九二九年にはじまる大恐慌を理論的、実証的にマルクス経済学としていかに解明すべきか。宇野理論としてもそこに重要な宿題があるのではないか、とされ、これをめぐる研究を大学院の授業でも組織された。相原門下でもあった吉冨勝さんや鈴木鴻一郎ゼミでの一年上級の侘美光彦さんらとチームを組んで、「鉄鋼業」「農業」の章を分担し準備をすすめ玉野井芳郎編『大恐慌の研究』（東京大学出版会、一九六四）をともにしあげたのは、たのしみな作業でもあった。これが契機となって吉冨勝『アメリカの大恐慌』（日本評論社、一九六五）と侘美光彦『世界大恐慌』（御茶の水書房、一九九四）が生み出されたと思うといまだに誇らしい。

第三に、玉野井先生はまた、大恐慌をふくむ大戦間の危機の三〇年を背景に思索をすすめたK・ポラニー『大転換』（吉沢英成他訳、東洋経済新報社、一九七五）における、社会から離床した市場経済の破壊的作用とそれを社会に埋め戻そうとする大転換の意義についての考察を、現代世界にとっても重要な問題提起として紹介し、さらにそこからエコロジカルな自然環境の危機と、それを克服するうえでの地域主義の意義を示唆された。それらも従前の宇野理論やマルクス経済学の考察枠組みでは収まり切れないおそれのある問題を提示しているように思えて、その当時は直ちには消化しきれない感もあった。

とはいえ、その後、宇野理論によるマルクス経済学の研究を少しずつ拡充してゆくなかで、社会科学としての『資本論』にもとづく経済学の現代的展開をつうじて、これらの学問的問いかけや刺激について、意味のある解決や位置づけ方が多少ともわかってゆくよろこびも味わってきている。その意味でも学問としての経済学には、たのしからずや、とこの歳になっても思わせる奥行きがたしかに感じられる。それは経済学の対象としている資本主義市場経済の特殊な歴史性が、それをのりこえる社会主義の可能性とともに、内包している人類史的意義の深さに由来しているのではなかろうか。

2 『資本論』に学ぶ——鈴木鴻一郎と岩田弘、他

（1）『資本論』にいかに学ぶか

駒場での教養学部文科一類から一九五七年四月には本郷の経済学部に進学した。経済学部では全学生がそれぞれに選択した先生のゼミ（演習）に所属することとなっていた。宇野理論に私が興味をよせていたことをご存じの玉野井芳郎先生の助言もあり、鈴木鴻一郎先生にお願いし、その演習生に加えていただいた。当時四七歳だった鈴木先生はすでに白髪で細身の白鳥のような風格があった。鴻という鳥を想像し名は体をあらわすのかと感じられた。

さっそくはじまった先生の大教室での「経済学原理」の講義もいくつかの意味で忘れられない。まず、毎週の講義がすべて新たに論稿として準備されており、それを読みながら学生にノートをとらせすすめられる。それは欧米でも本格的講義や学会報告の伝統的スタイルであることは後でわかったが、準備に手間もかかりなかなかまねができない。しかもその内容が、『資本論』のエッセンスを社会科学としての原理論として純化して再構成する意義と要点をめぐり、興味深い問題提起にみちていた。

たとえば、商品の価値形態の展開について、一商品の他の一商品との単純な価値形態から、他の多数の商品との拡大された価値形態を経て、特定の一商品を等価形態におく一般的価値形態への移行の論理は、それぞれの価値形態における欠陥の指摘によるものと再解釈できないかといった指摘は、先生の著書『価値論論争』（青木書店、一九五九）に収められた論文でもみられる論点で、貨幣発生の原理をめぐりいまだに考えさせられるところである。

1958年12月（学部4年次）鈴木鴻一郎先生方と本郷・竹よしにて。前列中央が鈴木鴻一郎氏、その右が著者。

『資本論』の全三巻はその前の年の夏休みに一応読了してはいたが、そのエッセンスを客観的な社会科学の原理的体系としていかに学ぶか、学問的に補整を要するところも多々ありうることもこの講義であらためて示唆された。

ゼミの時間には一年かけて『資本論』第三巻第三編「利潤率の傾向的低下の法則」をごく丹念に検討したことが、いまだに想い起される。三章からなるこの第三編は、文庫版でも九〇ページにみたないところで、週一回のゼミで、テキストの四、五ページも進めばはかどったほうになる。まさに一語一句ゆるがせにしない『資本論』研究の学問的作法とともに、資本の競争と蓄積をつうずる利潤率の動態についてのマルクスの重層的で入り組んだ理論的考察の意義とその問題点について、毎回知的興味を刺激され続けた。

『資本論』のこの編は、大きくみると前半の二章と最後の一章とに分かれる。まず前半の二章（第一三、第一四章）では、資本蓄積にともなう資本の有機的構成（雇用にあてられる可変資本に対する生産手段に投じられる不変資本の比率）の高度化をつうじ、利潤率が低下する傾向的法則が提示されるとともに、それに「反対に作用する諸原因」が説かれている。

資本主義の発展にともない、利潤率が低下する傾向は、古典派経済学でも論じられていた。A・スミスはそれを資本の蓄積とともに競争が激化するためとみていた。D・リカードは、資本の蓄積にともなう雇用と人口の増大が、追加的に必要とする食料の生産を、土地の収穫逓減の制約のもとで単位当たり労働価値の高い条件での生産条件に依存させるようになることから、（食料で支えられる）労働（力）の価値が高められ利潤が圧縮される結果としていた。マルクスは、それらを批判し、資本の競争の背後で利潤率を低下させてゆく生産条件の変化の基本は、資本にとって外的な土地の収穫逓減法則によるのではなく、資本蓄積が生産方法を向上させ、有機的構成を高度化してゆく資本自体の内的動態に由来することをあきらかにしようとしていた。

ついで最後の第一五章では「この法則の内的矛盾の展開」として、資本蓄積に内在する矛盾の発現としての周期的恐慌の必然性がいくつかの論理で追求される。それらをゆっくり比較しつつ読み解いてゆくゼミは、恐慌論についての私の関心を深める貴重な準備作業となった。

鈴木先生は、当時、著書『マルクス経済学』（弘文堂、一九五五）についで『続マルクス経済学』（弘文堂、一九五九）を執筆中で、あわせて『資本論』の全三巻の理論体系のエッセンスを要約しつつ、マルクスの「すべては疑いうる」というモットーをみずからの学問精神とし、マルクスの主著にも適用して、社会科学としての経済学の原理を純化するうえで必要な再整理を随所に注記してゆく作業をすすめていた。ゼミではその作業の一端をそれとなく開示されていたことになる。

たとえば、『資本論』における「利潤率の傾向的低下の法則」についても、『続マルクス経済学』では、経済学の原理論に不可欠な理論として組み込めるかどうか、実は二つの観点から「疑いうる」とされていた。第一に、この理論が『資本論』第三巻での資本の競争を介する剰余価値の産業利潤としての分配論から、さらに商業利潤、利子、地代への分化諸形態を展開する移行を媒介する位置におかれていながら、その展開をいかに媒介しているかが「困難な問題」をなしていないか。第二に、マルクスは、この法則をまず剰余価値率（m'=m/v）を一〇〇％で不変として、総資本にたいする可変資本の比率（v/c）を示す資本の有機的構成の積で決まる利潤率が、資本構成の高度化（cの比率の増大）につれて低下する数字例で提示しているが、資本構成の高度化は生産性の上昇による相対的剰余価値の生産、m'の上昇を同時にもたらす、その結果両者の積としての利潤率の変動は不確定にならないか。

この第二の問題点は、『資本論』第三巻出版（1894）直後からくりかえし非マルクス学派も批判の一論点としてきた。ケインズの高弟J・ロビンソン『マルクス経済学』（戸田武雄・赤谷良雄訳、有斐閣、一九五二）も、マルクスが「この法則そのもの」を説くさいに、「労働の搾取度の上昇」の上昇を「反対に作用する諸原因」として分離して扱っているのは理論的混乱にほかならない、と論難していた。アメリカマルクス派のP・スウィージー『資本主義発展の理論』（都留重人訳、新評論、一九六七）もm'の上昇が資本構成高度化と同時に生ずるかぎり、その積としての利潤率の変動の方向は不確定となるとみていた。『続マルクス経済学』ではこのスウィージー説に同意しつつ、ここで問題とされるべきものは、利潤率の趨勢のうちに総括的に表現される資本主義的蓄積の現実の運動であり、そこにふくまれる矛盾であると注記している。

しかし、演習ではこうした見解を教えられた記憶がない。むしろテキストを丹念に読んで、そこにみいだされる疑問に学生の自由な解釈や意見をひきだし、対立的な読み方や解釈が示されれば、それらを尊重し、たがいに議論しあうようガイドされていた。そのやり方も後でまねしてみようとすると実はかなりむずかしい。教師になってみると、ゼミや研究会でもせっかちに自説を述べたくなってしまうからである。

経済学部を卒業し大学院に進学する選考試験のためにも論文が必要とされていた。たのしくゼミで意見交換をしながらじっくり読み進めたマルクスの「利潤率の傾向的低下の法則」について、それへの主な批判や反批判も検討し、つぎのような所見をとりまとめた。

すなわち、マルクスのテキストには、資本の有機的構成の高度化を、可変資本としての労働力の生みだす活きた労働の成果としての労働力の価値と剰余価値の総額（$v+m$）にたいする不変資本（c）としての過去の労働の蓄積されたストックの比率の増加とみて、$(v+m)/c$ が低下してゆくなら、利潤率（$m/(c+v)$）はその上限（$m/(c+v) < (v+m)/(c+v)$）を押し下げられてゆくことになるので、生産力の上昇により搾取度が上がりmのvに対する比率が上がっても、利潤率はやがて低下することとならざるをえないという論理が読みとれる。その意味では生産力の上昇にともなう搾取率の上昇は「この法則そのもの」に織り込みずみと思える。「反対に作用する諸原因」の章であげられている「労働の搾取度の増強」は、むしろ労働日の延長や労働の強化など、生産力の上昇によらない搾取度の増強が、外国貿易などの作用とあわせて、利潤率の動態に与えるより現実的要因としてあげられていることも、その意味で留意すべきであろう。

鈴木ゼミの大先輩の長坂聰さんの「「利潤率の傾向的低下の法則」は成立しえないか」（向坂逸郎編『マルクスの批判と反批判』新潮社、一九五八、所収）もほぼ同時期にこうした反批判を述べて、むしろ混乱していたのはロビンソンの解釈ではないかと指摘していた。ともに鈴木先生のマルクスへの疑問を逆に疑問とする反論を書いていたことになる。先生の学問精神はそれも許容されていたと思う。入試の口頭試問では相原茂先生から、何のためにこの問題を選んで書いているのか、とたずねられて一瞬たじろいだ。恐慌論に関心がありその研究の準備のつもりですと答えたが、経済学の研究が何のためにおこなわれるのかは、ほんとうに大切な問題であるとその後も考え続けている。

なお、この論文の準備過程で、J. M. Gillman, *The Falling Rate of Profit*（1957）が、アメリカの統計により、二〇世紀の資本主義についてマルクスの利潤率の傾向的低下論が実証的にどの程度あてはまるかを検討した著作も読んだ。結論的にはさほど利潤率は大きく低下していないということであったと記憶している。最近のT・ピケティ『二一世紀の資本』（山形浩生他訳、みすず書房、二〇一四）による長期統計の集積にもとづく富と所得の格差再拡大の分析などともあわせて、現代のとくに先進諸国の長期停滞傾向の考察に、マルクスの利潤率の傾向的低下の法則論がどのような意味で参照基準となるか、ならないか、再考に値する問題がありはしないか。活きた労働に対する過去の労働の資産としての比率の増大を基礎としている面では、宇野弘蔵『経済原論』上・下（岩波書店、一九五〇、一九五二）も指摘しているように、この法則は生産力を上昇させる経済生活上の原則の資本主義的表現ともいえるから、経済原則として富の成長にともなう実質経済成長率の鈍化は、社会主義社会にも生じうるともいえる。さらに斎藤幸平『大洪水の前に』（堀之内出版、二〇一九）などの指摘しているように、晩年のマルクスが自然環境の荒廃とその負荷に関心を深めていたとすれば、むしろ土地の自然制約を強調していたリカード的利潤率低下論との相互補完関係も現代世界には再考されてよいのかもしれない。マルクスの思想と理論の学説史上の意義としても、現状分析の理論基準としても、興味をひかれるところだ。

(2) マルクス恐慌論の形成過程

一九五九年に大学院に進学してみると、その前年に宇野弘蔵先生が定年で退官され法政大学に移られた後であった。そのため鈴木ゼミには宇野ゼミから引き継いだ院生をふくめ、マルクス経済学の理論分野で宇野学派の興隆を支えた一群の若手研究者がにぎやかに集まっていた。

そこでも『資本論』や『経済学批判』(1859) が主なテキストとされた。毎回のように報告者や参加者から提示される問題点について、宇野の見解との異同をふくめ、参加者の見解の違いをひきだして、それをめぐって自由に議論をさせる先生の仕切り方はみごとで、そのためもあって院生相互の議論は白熱し続けるのがつねであった。先生は喧嘩だけはしてはいけないといわれつつ、学問的議論は大好きで、それをけしかける気配もあった。大学院での五年間、価値論、貨幣論、貨幣の資本への転化論、蓄積論、信用論、恐慌論、それらをつうずる『資本論』の全体系の経済学の原理としての意義と役割などをめぐり学び考える日々が続いた。ゼミとその前後に先輩諸氏に教えられたことも数知れない。

大学院に進学しうれしかったもう一つのことは、経済学部図書館〔編集注――現「経済学図書館」〕の書庫に入り書棚の本を自由にみて借りだせるようになったことであった。充実した図書館で、関心のあった恐慌論、恐慌史などの主要なものはたいていそろっていた。マルクスに先行するシスモンディやマルサスの過少消費説などからマルクス以後の諸文献も順次読んでゆくことができた。

あわせて、先生も先輩諸氏も話題にすることの多い『資本論』の最初の草稿『経済学批判要綱』(1857-58, 以下『要綱』と略記) のドイツ語普及版が容易に購入可能な時期になっていた。院生のなかでは岩田弘さんと降旗節雄さんの共訳作業もすすんでいるといわれ、邦訳書はまだえられないまま、すこしずつ原書で読みすすめるのもたのしい日課であった。

この『要綱』でも、マルクスは主著の執筆プランをいくつか書き残している。それをふまえた『経済学批判』の「序言」でも、冒頭で「わたくしはブルジョア経済の体制をつぎの順序で考察する。資本、土地所有、賃労働。国家、外国貿易、世界市場。」と述べている。一八五八年四月二日付のエンゲルスあて手紙などでは、その最初の「資本」をさらに「資本一般」「諸資本の競争」「信用」「株式資本」の四編に分けて考察してゆく予定も示されていた。

こうした執筆プランにてらし、『資本論』はどこまでをふくんでいるのか。『要綱』で「資本一般」を総資本と総賃労働との関係において扱う理論領域とみなし、資本の競争、信用、株式資本はなお課題の外としていた枠組みが『資本論』にも継承されているのではないか。プランのいくつかでは最終項目が「世界市場と恐慌」とされている。資本主義経済の体制の矛盾の総括的発現としての固有の恐慌論は、『資本論』のような「資本一般」の考察ではなお課題の外にあるとみるべきではないか。たとえば久留間鮫造『マルクス恐慌論研究』（北隆館、一九四九）のこうした見解は、『資本論』にもとづく周期的恐慌の原理を信用制度の役割もふくめ完成したいとする宇野弘蔵『恐慌論』（岩波書店、一九五三）とのあいだでも論争点をなしていた。

この争点への関心もあってマルクスが「資本一般」を考察するとしていた『要綱』の実際の理論内容がいっそうおもしろく思えた。読んでみると、『要綱』は、まさに「資本一般」の理論の枠内で商品経済にもとづく資本と賃労働の生産関係を考察する課題を追究していた。『資本論』第三巻の主要内容をなす、諸資本の競争を介する剰余価値の平均利潤としての配分やそこに成立する生産価格や市場生産価格の展開や、その動態を遊休資本の相互利用により効率化しつつ媒介する信用制度の役割、さらに土地の利用をめぐる超過利潤の地代への転化にもとづく資本主義的土地所有の原理などはふくまれていない。『資本論』にも、久留間説が強調していたように、資本一般の理想的平均における内的組織の原理を主題とするように読めることわり書きはなくはない。だが、その実際の内容は、『要綱』での本来の「資本一般」の枠組みを大きく拡張して、諸資本の競争や信用の原理はもとより、資本主義のもとでの土地所有や賃労働の経済的基礎と、資本の蓄積にともなうその変動とそこに内在する矛盾の展開原理は体系的に解明されるようになっていたように思われる。

それとともに、恐慌論においても『要綱』では「資本一般」の枠組みの内部で、おもに次の二つの論理で論及されている。そのひとつは、資本のもとでの賃労働者の所得が抑制されることから、過少消費説的な商品の供給過剰が販路の不足として、商品流通を阻害し生産の収縮をもたらすという商品過剰説的論調である。それは、リカードに対抗していた反古典派のシスモンディ『経済学新原理』（1819, 菅間正朔訳、日本評論社）やマルサス『経済学原理』（1820, 小林時三郎訳、岩波文庫）の立論を古典派経済学の批判に活かそうとする試みとなっていた。他方で、商品の過剰は、実は資本の蓄積自体が過剰化し、利潤率が低下する結果として生ずるとする、資本過剰論的恐慌論への発想も提示されていた。そこに、マルクス独自の利潤率の低下傾向論が、活きた労働にたいする過去の労働としての資本ストックの比率の増大から「資本一般」の枠内で提示されていた。しかし、この論理は利潤量の減少をともなうような利潤率の急落を必然的にもたらすとはいえないので、資本の成長率は鈍化させえても急性的で周期的な恐慌の論拠とはみなしえないのではないか。

とはいえ『資本論』第三巻第一五章で利潤率の傾向的低下の法則の「内的矛盾の展開」とし

て、恐慌論の基本的諸規定が提示展開されているのは、こうした『要綱』での取り扱いに由来することも理解できる気がした。

そうなると『要綱』につぐ一八六一〜六三年の『資本論』への第二準備草稿でどのような変化が生じたのかも調べてみたくなる。この第二草稿の二三冊のノートのうち、おもに第六〜一五冊および第一八冊から『剰余価値学説史』が編集されている。そこで、その内容を読みすすめてみると、つぎのようなことに気づいた。すなわち、『要綱』の「資本一般」の枠組みは、諸資本の競争を介する生産価格、市場生産価格（市場価値）の諸規定や、それにもとづく地代論の展開をふくむように拡充されつつある。

そのような多数資本の競争に理論的考察が深められるなかで、恐慌論にも拡充がみられた。『要綱』にみられた過少消費説的商品過剰論に加え、諸資本の無政府的競争をつうずる生産諸部門の均衡が、市場での需給の変動過程でたえず撹乱されて利潤率の相違を生じては、それに導かれる部門間の投資と蓄積速度の変化をつうじ、再調整されるなかで、重要な諸産業に生ずる過剰生産の悪影響が全産業に波及してゆく恐慌もさけられないという、不均衡説的商品過剰論も提示されるようになっている。

とはいえ、諸資本の競争をさらに信用制度が媒介促進する原理にはまだ体系的に十分な考察がすすめられてはいない。そのため、信用制度をつうじて諸資本が利用しあう貸付可能な貨幣資本についての過多（プレトラ）と現実資本の絶対的過剰生産との区別やその意義もまだ明確にされていない。

そうしてみると、一八六三〜六五年の『資本論』への第三草稿に主としてもとづく現在の『資本論』第三巻で、利子論に信用制度論が拡充されて、貨幣資本と現実資本の蓄積の動態が立ち入って解明されるようになったことの意義は大きい。それは、『資本論』第一巻（1867）における資本の蓄積過程論での資本構成不変の蓄積と構成高度化をともなう蓄積との考察における労働力の吸収と反撥との周期的交替を、産業循環と恐慌の反復の基礎としてあきらかにする理論構成とあわせて、利潤論において、資本の過剰蓄積が労賃の上昇による利潤率の急落をまねき、恐慌を必然化するとみなす労賃上昇説的資本過剰論を明確に提示することも容易としていた。

もっとも『資本論』第三巻第一五章に集約的に示されている恐慌論には、過少消費説的商品過剰論と不均衡説的商品過剰論、資本構成高度化説的（利潤率の傾向的低下の法則論にもとづく）資本過剰論も、こうした労賃上昇説的資本過剰論とあわせて、基本規定として並存していると読みとれる。その後のマルクス学派の恐慌論研究では、おもにツガン－バラノウスキーやヒルファディングのように不均衡説的恐慌論とそれを批判するカウツキーやブハーリンらの過少消費説的恐慌論が、それら対立と統合の試みもふくめて商品過剰論の深化としてすすめられてきた。それらにくらべ、むしろ埋もれていた労賃上昇説的資本過剰論を、蓄積論、利潤論、信用論をつうずる恐慌論の基本線として重視し体系的に再整備することで、恐慌に発現する商品の過剰化の全面的必然性、周期性、激発性を労働力商品化の無理にもとづき原理的にあきらかにしうると独創的に再解釈したのが宇野『恐慌論』であった。それは、『資本論』の恐慌論の形成過程にそくしてみても、むしろその準備草稿をつうじ、最終段階になって体系的に整えられ提示された『資本論』に特有の恐慌論の完成の方向をとりだした試みといえるであろう。

ほぼこうした内容でマルクス恐慌論の形成過程を考察した論文が私の修士論文となった。そこで重視した『資本論』に特有の労賃上昇説的資本過剰論としての恐慌論完成の方向は、現代資本主義の危機の動態とその意義を解明する考察基準としても欠かせないところであろう。その点で、『資本論』の多様な恐慌論の並存を歴史的文脈に応じて多原因説的に利用しようとするD・ハーヴェイ『資本の〈謎〉』(2011, 森田成也他訳、作品社)のような手法によるか、宇野恐慌論のように、『資本論』の恐慌論を原理的に純化完成したうえで、それを現状分析に適用する試みをすすめるか、論争も生じている。関根友彦さんの宇野『経済原論』と『経済政策論』(弘文堂、一九七一)の英訳に続き、トロント大学のケン・カワシマ教授の宇野『恐慌論』の英訳が完成しまもなく出版されることとなったのは、世界的マルクス学派の関心に応えるところにちがいない〔編集注――宇野『恐慌論』英訳書は、二〇二一年にBrill社より刊行された〕。

（3）鈴木＝岩田・世界資本主義論の意義

修士論文を無事提出し一九六一年に大学院博士課程に進学する前後から、大学院の鈴木ゼミでは大論争が発生し、深化白熱の度を加えていった。発端は、宇野弘蔵監修『経済学体系』全八巻で、第一巻で宇野が『経済学方法論』（一九六二）を執筆したのに続き、第二巻、第三巻での鈴木鴻一郎編『経済学原理論』上・下（東京大学出版会、一九六〇、一九六二）を大学院博士課程に在学中の院生八名が共同作業で分担執筆し編集した過程にあった。

先生の「はしがき」によれば、その八名は降旗節雄、岩田弘、鎌倉孝夫、小林弥六、新田俊三、大内秀明、阪口正雄、櫻井毅（ABC順）で、編集委員会の方針にしたがい、数回の研究会をひらき、分担執筆を依頼し、できあがった原稿に編者として手を入れ、場合によっては二度、三度におよぶ書き直しも求めた。不手際は残るとしてもすべては編者の責任にあるとし、各執筆者に謝意も述べられている。しかし、この編著は、それまで宇野理論の継承と普及、発展につとめてきた先生が、その学問的批判精神を宇野三段階論の方法自体にもむけ、そこから鈴木＝岩田・世界資本主義論の方法といわれるようになる独自の方法論的見解を引き出し提示する最初の試みをもなしていた。

内容的には、宇野が一九世紀中葉までのイギリス資本主義の歴史的発展が示していた傾向を延長し、資本家と賃金労働者と土地所有者との三大階級からなる「純粋の資本主義社会」を想定し、そこに資本主義商品経済を支配する法則をそれに特有の機構とともにあきらかにすることを、経済学の原理論は課題とするとみていたのにたいし、むしろ世界市場の中枢において、非資本主義的諸生産ともひろく交易関係を広げつつ、対外関係と同様の商品経済の諸形態をもって社会内部の生産関係を自律的に組織し発展する資本主義的生産の原理を内面的に模写して直接にとりだすことができる。『資本論』による経済学の原理を世界資本主義の中枢に現実に作動している自律的な商品経済社会の内的運動法則とその機構の解明とみるなら、資本主義の世界史的発展段階の推移もその現状も、一国資本主義的考察にとどまらない世界資本主義の総括的考察に重点をおいて再構成できるのではないか。

こうした鈴木＝岩田・世界資本主義論の方法は岩田弘『世界資本主義』（未來社、一九六四）においてさらに積極的に開示される。その方法論のもとは、『資本論』により、対外貿易を原理論で捨象する論拠を宇野『恐慌論』の「序論」で述べていたところに由来していたと思われる。この時期の鈴木ゼミでは岩田さんと降旗さんが最上級でその連帯関係は強力な世界資本主義論推進派をなし、これを批判する大内秀明、櫻井毅、鎌倉孝夫、山口重克らの諸氏との華やかな論戦が、毎回それこそ喧嘩はいけないが、と先生のいわれるまでに白熱していた。

この論争に大きな関心をよせながら、私としては『資本論』で最も未完成で難度が高い第三巻第五編の利子論、信用論をどのように読み解き、恐慌論を原理的に完成すべきか、博士論文『信用と恐慌』（一九七三）にまとめた研究を中心的課題としていた。周期的恐慌の原理的必然性をあきらかにするには、宇野が重視していたように自由主義段階の典型的景気循環を考察の基礎としなければならない。そのさい、宇野が原理的には捨象してよいとしていた好況末期の投機的発展や商業資本の役割も、信用逼迫を介し、商品の全面的過剰化を生ずる恐慌の発生原理に欠かせない要因ではないか。こうした問題は、方法論的に純粋の資本主義社会を想定する見地からも検討しうるし、世界資本主義論の方法からも重視しうる。どちらの方法をとるかは『資本論』を原理論として理解するうえでの問題点の解決にかならずしも直接かかわらない気もしていた。いずれの方法による先輩からも学んだところが多い。

とはいえ、その間、鈴木鴻一郎編『帝国主義研究』（日本評論社、一九六四）では、世界資本主義の方法からみて重要と思われた資本主義の世界史的発展段階の推移のより現実的な解明をめざした。イギリス、アメリカ、ドイツの金融資本の形成をそれぞれの資本市場の形成過程に重点をおいて考察した侘美光彦、浜田好通、塚本健の諸先輩と協力し、私は一八七三〜九六年の一九世紀末「大不況」の実証研究すすめ、イギリスを中心とする世界市場の動態にそくしその発生と推移の解明につとめた。帝国主義段階への世界史的変化は資本主義世界の中枢部イギリス資本主義の蓄積の困難に起因することを示したものとなっている。その草稿は岩田さんも読んで『世界資本主義』に役立ててくれた。後年、宇野が『経済政策論』の改訂版において、ベッセマー製鋼法もトーマス・ギルクリスト法もイギリスで完成されながらイギリスではドイツ程に急速な普及をみなかったという旧版の叙述について、当時院生の書いたこの論稿での批判的注意にふれ、その点で不適当であったところは訂正すると注記していることもうれしく読み、なかなかできないことと感銘をうけた。

現代資本主義の考察にさいしても、私の場合、先進資本主義諸国間の類型的比較も重要と思いながら、むしろ大戦間の危機の三〇年、戦後の高度成長期、その後の新自由主義とその限界のようなグローバルな特徴的変化とその総括的意義とに興味をひかれる。それも院生時代にうけた世界資本主義論の方法による影響かもしれない。

3　農業問題と地代論の意義——大内力、渡辺寛、日高普、他

(1) 日本資本主義分析の体系的手法

学部学生、大学院生の修業時代に門下生として学んだもうひとりの優れたマルクス理論家は、大内力先生であった。私が経済学部に進学した当時、大内先生は三八歳であった。社会科学研究所に在籍されていたので、その演習は経済学部での演習でなかった。そのため鈴木鴻一郎ゼミとあわせ大内ゼミにも参加することができた。

社会科学研究所の地下のやや暗い演習室に黒ぶちの丸いめがねでさっそうと入ってこられ、テキストの石渡貞雄『農民分解論』(一九五五)の諸論点を学生たちの報告をうけ、すばらしい切れ味で論評され、宇野三段階論の魅力にひきこまれる思いをした。ノートもなしに話してくださることが、毎回起承転結が明快で、そのまま文章になっている印象であった。

先生は、すでに『日本資本主義の農業問題』(一九四八)、『日本農業の財政学』(一九五〇)、『農業問題』(一九五一)、『農業恐慌』(一九五四)など、日本の農業問題の研究をいっきにひきあげた名著をあいついで上梓されていた。戦前以来の日本資本主義論争のなかで、「正統派」とされた講座派の多くの研究が、農業問題の基本は、農業内部の土地問題にあり、とくに「封建的」地主制の存続にあるとみていたのにたいし、先生は、労農派を革新する宇野理論の観点にたって、ドイツに続く後発的日本資本主義の発展の全機構のなかに農業・農民問題を位置づけて解明する新たな試みを展開されていた。その研究には、農業経済学の研究をリードされつつ、日本資本主義の発展と現状、資本主義の世界史的発展段階論やその基礎理論への深い素養と理論的関心が示されていた。たとえば、戦前一九三六年ごろの日本の農産物価格は、c＋〇・七三vの（資材の補填費用のほかには労賃相当分に二七％不足する所得しか与えない）水準であったといった分析は、その一端をうかがわせる鮮やかな印象を受けた。

実際、その後の先生のご研究は、『地代と土地所有』（一九五八）、『信用と銀行資本』（一九七八）などの経済学の原理論、現代資本主義論の名作『国家独占資本主義』（一九七〇）、現状分析としての『日本経済論』上・下（一九六二〜六三）や一三冊におよぶ共著シリーズ『日本資本主義の成立・発展・没落』（一九五四〜六九）など、経済学のほとんど全分野にしかも見事な体系性をそなえ

1959年3月。学部卒業時に大内力先生と。左が大内力氏、右が著者。

て展開されてゆき、日本のマルクス経済学の研究をつねにリードする役割を果たしていた。それらの全体は、晩年の『大内力経済学体系』全八巻（一九八〇～二〇〇九）においていっそう拡充されつつ結集されている。

このような先生の著作の全体は、マルクスによる社会科学としての経済学が本来めざしている体系的総合性を現代的に実現する試みをなしていた。ことに最近、経済学の研究が、アメリカの新古典派経済学においても、それに対抗するラディカル派においても、ともすると各専門領域に細分化されテーマが断片化される傾向が生じているなかで、先生のすすめられた諸研究のきわだった総合性と体系性とは、実に貴重なものに思える。日本資本主義の危機的現状の分析も、『資本論』のような経済学の原理論とそれにもとづく資本主義の世界史的発展段階論を考察基準とし、世界資本主義の現状のなかに位置づけて解明してゆかなければならない。マルクスによる社会科学としての経済学はそうした現状分析を最終課題としていることを、先生の研究は示唆し続けている。

しかも積みあげれば身の丈をこえるといわれた多くの著書のいずれにおいても、先行研究についての批判的点検を学問的準備としてふまえたうえで、難解な問題にムダなく明快な整理・分析が展開されており、すっきりした読後感を与えられる。あるとき、漱石より鷗外が好きだとおっしゃっていたことも想い起される。父上の兵衛先生のつややかな文体とは味わいが異なるところがあって、小説家の好みもあるいは違っていたのではないか。周知のように、父子二代にわたり日本社会党も社会主義協会も支援され期待され続けていた。

　大学院生になったばかりのころか、先生は『地代と土地所有』にまとめられた地代論を大学院の演習でその年のテーマとされた。『資本論』の地代論をテキストとされつつ、近代的土地所有は、資本の競争が異なる自然条件としての土地を利用して利潤率を均等化するために、社会的に必要とされる最劣等地にくらべ優良な土地を利用し土地生産物単位当たりコストが安く超過利潤が獲得される資本が競争上その超過利潤を地代として支払わざるをえなくなるところに差額地代が成立し、そこに近代的土地所有が成立することを強調されていた。資本の運動がその機構として近代的土地所有を生ずると規定されたわけである。そこに成立した土地所有は、ついで既存の土地への追加投資でえられる生産コストと比較して、最劣等地の生産性が優位にあれば、その差の枠内で土地の利用をめぐる絶対地代を要求できると規定されていた。

　それによって、マルクスが土地を利用する農業のような産業はより労働集約的でその生産価格は投下労働にもとづく価値より低くなるので、その差額の範囲で土地所有が絶対地代を取得しうると説いていた原理を改定する主張をされていた。土地を利用する産業への投資の有機的構成（c／v）が社会的平均以下になるとはかぎらないと考えられたからである。それとともに、絶対地代を要求する土地所有も資本が生み出すもので、資本にとって外在的に前提されうるものではないとみなされた。

これにたいしゼミのなかで、仮に既存の耕地への追加投資の生産性の変化が段階的にではなく、ごく連続的に変化してゆくなら、絶対地代は成立しなくなりますか、と批判的質問をした。先生は瞬間考えられてすぐそうなりますね、と同意された。それも理論家としてあるべき姿と感銘をうけた。他方、宇野弘蔵の『経済原論』(一九六四)でも、資本による超過利潤の地代化は、土地所有の資本主義的形態を規定することになるが、(近代的)土地所有自体を成立せしめるものではないのではないか、との大内地代論批判が示されている。たしかに土地を利用する産業の資本構成は、大内説で指摘されているように、社会的平均以下になるとはかぎらないし、絶対地代がその産業内での剰余価値の範囲内にとどめられるともかぎらない。しかし、資本の投資が、土地の私的所有を前提に、奢侈的利用や将来の地価の上昇を期待するなどの動機から優等地であっても投資を許さない制限をおくため、絶対地代として地代化する超過利潤が社会的に生じ増加することにもなっているのではないか。

実際、資本主義化がいっそう進展している現代世界においても、私的所有のもとにおかれた土地やその他不動産のかなりの部分は、短期的には利用されていないまま不動産全体としての資産価値をかえって高める役割も果たし、富と所得の社会的格差拡大の重要な一面を担っているのではなかろうか。『資本論』の絶対地代論はこうした問題を分析するうえでもなお再考の余地があるのではないかともいまだに考え続けている。

大学院の博士課程で信用と恐慌をテーマに博士論文を準備する過程で、大内先生から青木書店から刊行予定の『資本論講座』の第7巻『恐慌・資本論以後』（一九六四）の企画での共同執筆を手伝うよういわれた。マルクス以後の恐慌論展開の試みと戦後における研究の進展とを大内秀明さんと三名で書こうということでよろこんで申しうけた。先生の『農業恐慌』での整理も参考に、マルクス以後の恐慌論展開の諸類型を、不均衡説と消費制限説からなる商品過剰論と労賃上昇説と有機的構成高度化説とからなる資本過剰論との、大別して二系統四類型にわけて、戦後における日本でのその継承と発展の試みとあわせ、整理、論評して原稿をおとどけした。商品過剰論と資本過剰論という恐慌論の類型規定はその後定着してきたのではないか。君の原稿はほぼそのままでよかったといわれ、うれしかった記憶もある。

ふりかえってみると、大学院生としての修業時代に、経済学部に移られ農業経済学の講座を担当されていた大内先生に経済学の原理論分野での恐慌論の論稿を編集刊行していただき、経済学原理論の講座担当の鈴木鴻一郎先生にはむしろ資本主義の発展段階論としての帝国主義研究の一環として一九世紀末「大不況」の研究を公刊していただき、経済学史の分野で影響をうけた玉野井芳郎先生には両大戦間期の『大恐慌の研究』の共同作業での実証的現実分析を上梓していただいた。なぜそうなったのか、不思議にも思える。しかし宇野理論による先生方の理論と実証にわたる社会科学としての経済学の体系的研究のあるべき姿についての考え方を、この時期におのずから学ばせていただいたように感じている。

(2) カウツキーとレーニンの農業理論

社会科学研究所の地下室での大内演習で日本資本主義のもとでの農民層分解について、興味を深めた翌年、先生がアメリカで在外研究をされることになり、演習生で相談し、できればお留守番をしながら演習は続けたいと先生に申しでた。なにをテーマにしたいかときかれ、相談してカウツキーの『農業問題』(1899)を読んでみたい、と一同でお願いしてみた。演習で何度か話題にされていたせいではなかったか。その結果、先生がチューター役にお世話くださったのが、当時、法政大学で助手か助教授になったばかりの渡辺寛さんであった。

後に東北大学に移られて、名著『レーニンの農業理論』(一九六三)の第一部「カウツキーの農業理論」にまとめられた論稿を『経済志林』に執筆されている年にあたっていた。はじめは先生とよんではいたが、年も五歳くらいの差で気っぷのよい兄貴分に接する気分となり、しだいに大学院での先輩諸氏と同様なおつきあいが深まっていった。大内先生がご自宅で続けられていた研究会などにはおそらく常連で出席されていたのであろう。大内ゼミの先輩と思っていたのであるが、実は「たにし会」（大内ゼミ同窓会）のメンバーではない。大学院まで一橋大学の都留重人先生のもとで学ばれていたためである。

もっとも渡辺さんは学部学生のころから宇野弘蔵先生と親交があった。宇野先生が一橋大学に委嘱され非常勤で講義をされていたからである。毎週の講義の後に、友人の関根友彦さん、高須賀義博さんとのトリオで宇野先生に喫茶店でご馳走になり、親しく話をきいた想い出は、その三人がマルクス理論家としてそれぞれに重要な役割をはたすうえで、原動力となった宝物のような体験だったにちがいない。渡辺さんからもその話は何度もきかされ、よほどたのしかったようでうらやましく思えた。

カウツキーの『農業問題』についての渡辺さんの研究もあきらかに宇野三段階論の方法をみごとに適用し、独自の知見をひらく豊かな先端性を示していた。大筋でみると、カウツキーのこの著書での考察は、大量に存続している農民経営も資本主義の発展にともなう社会の両極分解の傾向をまぬがれず、無産の賃金労働者化する傾向があるとみて、ベルンシュタインらの修正主義的改良派が強調する農民経営の執拗な存続とその保護政策の必要性に反対し、ドイツ社会民主党の当時の両極分解論による賃金労働者の階級的変革に期待する基本的路線を擁護する見地を示していた。

しかし、内容的には、後発的ドイツ資本主義が、重工業にもとづく金融資本の組織的成長をすすめる過程で、農民層がそう簡単に解体されず、その貧困化が社会問題としての農業問題を重要な政治問題としていることも史実にそくして解明する側面をもふくんでいた。それは、資本の有機的構成が高く、労働雇用の増加がそれだけ制限されている重工業に資本蓄積の主要な基盤がおかれていたためである。そのため、一九世紀末の「大不況」以降の農業恐慌のなかで、ユンカー的大農場が労働者として使用していた僕婢的小農が都市の雇用に吸収されて減少し、農産物価格下落の打撃もあり、経営面積を縮小してゆくなかで、家族労働による五〜二〇ヘクタール規模の中農経営はかえって増大している。

こうした中農肥大化の史実をあきらかにしていながら、カウツキーは、一方で中農層も資本主義市場経済のもとで債務の増加などにより賃金労働者やその生活水準以下の生活を強いられて、事実上プロレタリアート化しつつあると、両極分解傾向の大筋に収めて位置づけ、他方で、経営者的意識において反賃金労働者革命的性格をもちやすいとみなし、結局はエンゲルス以来の農民は分解・消滅してゆくから社会主義革命の主体となりえないとする戦略方針から離れられず、結局、労農同盟の重要性とその理論的根拠を明確にしえなかった。

渡辺さんのこうした批判的考察は、カウツキーの主著の貢献と限界とを、その背景をなしていた当時のドイツ農業の史実とあわせて提示していた。その後もこれをこえる研究にはであっていない。そこには第一次世界大戦の危機にさいしてのドイツ革命の挫折の一原因と、レーニンによる労農同盟論の画期的意義とが示唆されていた。得難いチューターを大内先生がお世話くださったと感謝していた。だが、のんきなもので、考えてみれば当時は大内ゼミが非正規でその代行をしていただいても非常勤手当の支払いもなかったのではないか。そのうちきいてみようと思っているうちに、渡辺さんも大内先生もなくなってしまった。そのうちあの世で、と思っている。

大学院に進学してすぐの夏休みのはじめであったか、渡辺さんからさそわれて小諸にごいっしょさせていただいたことがある。例年のことであったようだが、降旗節雄さん、川上忠雄さんと三人で避暑をかねて、小諸の古い温泉宿に合宿してそれぞれの研究をする予定があるので、ということであった。上野駅で落ち合ってこれを頼むといわれたのが、レミントンの手動タイプライターであった。据え置き型で大きく重く、簡単に持ち運べるものではない。渡辺さんはこれを容易に運べない。四〇冊近くの既刊『レーニン全集』のすべての巻を持参しているからである。この全集をひと夏かけてすべて読むという予定にもおどろいたが、それは実現されたようである。もっともそれに欧文タイプライターがどう役立てられたのかはいまだに不思議に思う。欧文の文献もあわせて読まれたのであろうか。

著書『レーニンの農業理論』の第二部には、この夏の研究が活かされて、レーニンの農業問題についての見解が三期にわたり、つぎのような発展をみたと整理・論評されている。まず、

『ロシアにおける資本主義の発展』（1899）にいたる初期のレーニンの見解は、ほぼカウツキーと同様に資本主義の発展は社会の両極分解をすすめるので、労働者階級の闘争は小経営としての農民の利害を引き受けるべきではないとみなしていた。

しかし、ついで中期の『一九〇五～一九〇七年の第一次ロシア革命における社会民主党の農業綱領』（1907）になると、初期の両極分解論は保持しつつ、これに加えて、ブルジョア的農業進化の二つの道の類型論が提示される。農奴制的巨大土地所有は取り除かれても大規模地主経営が先導するプロシア型の道と、地主が存在しないで家父長的農民がブルジョア的経営に成長してゆくアメリカ型の道とである。とはいえそのような資本主義の発展類型の相違を、世界史的な資本主義の発生、発展の段階的考察や諸国の資本の原始的蓄積過程の態様の相違にかかわる問題として考察する課題は、初期からの市場の成長による両極分解論の枠組みの制約のなかで方法論的に明確にされず、農民の土地要求もブルジョア革命的要求とみなされ、二段階革命路線が保持され続けていた。

これにたいし、一九一七年の二月革命から一〇月革命にいたる後期になると、レーニンはすでに一九一六年前半に執筆していた『帝国主義論』（1917）において、一九世紀末から世界資本主義が新たな発展段階に移行して、金融資本のもとで重工業による独占組織を強化し、列強が世界市場の投資先としての植民地・半植民地としての分割をめぐる政治的・軍事的対立を深め、帝国主義世界戦争による破壊的危機を招いていることをあきらかにし、それにもとづき、この危機を克服する人類史的課題は社会主義革命しかないと明確に主張するにいたる。それにともない農民の土地要求もブルジョア的変革課題としてではなく、労農同盟による社会主義的変革により実現されるべきであるとみなされ、従来の両極分解論にそった二段階革命論とは異なる戦略路線が示され、それがロシア革命に活かされた。

とはいえ、革命後一九二一年初頭までの戦時共産主義の時期には、土地分割をうけて増加した中農をブルジョア的富農とあわせて、海外列強の反革命干渉戦争に耐えるための物量割り当て動員のなかで疲弊させ、意欲を奪い、飢餓を広める誤りも冒していた。それは土地持ち農民を富農に近いブルジョア的存在とみなす両極分解論の延長上の誤りで、労農同盟論の理論的根拠が帝国主義段階論で十分確定されていなかったためではなかったか。その誤りはレーニンのネップ（新経済政策）において、物量での納税を半減し、市場での農産物の販売、工業製品との交換を認める方策で事実上是正はされた。しかし後期レーニンにおいても、ネップを基礎づけるべき農業問題をめぐる発展段階論的考察には理論と分析になお残されていた欠陥があり、それがやがてスターリン主義の問題を生じていったのではないか。

こうした興味深い示唆で渡辺さんの『レーニンの農業理論』は結ばれていた。「はしがき」にも記されているように、日本の講座派の二段階革命論への疑惑に端を発していると思われるが、同時に労農派にもその学問的基礎をカウツキーやレーニンにさかのぼり問いかけているところがある。大内門下で手ほどきを受け渡辺さんからも学び続けた農業問題は、現代資本主義にとっても、それをこえるソ連型と異なるこれからの社会主義にとっても重要で奥の深い研究領域をなしている。土地に代表される大自然と人間との物質代謝の営みを支えてきた農業再生への課題を、世界的な関心を集めつつある地球温暖化問題の観点からも再評価しなければならない時代が訪れているのではないか。グリーン資本主義、グリーン社会主義の発想の意義とその内容をめぐる学問的基礎が、農業問題と労農同盟の現代的再考を重要な一課題として浮上させつつあるように思われてならない。

(3) ヘーゲル法哲学へのマルクスの批判

大学院を修了し、東京大学経済学部の助手(一九六四)から助教授になる(一九六六)ころからか、毎月定例の日高普さんの研究会に出席させてもらうようになった。日高さんは大内ゼミ同窓会の先輩でもあり、渡辺寛さんとも法政大学の同僚で親交が深かった。一高の仲間で作家の吉行淳之介、詩人の中村稔、いいだももらと同人誌『世代』(一九四六〜五二)を共同で編集刊行していたことでも、よく知られている。映画評論や書評家としても名高い。

おつきあいのはじまったきっかけは、たしか鈴木ゼミの先輩の山口重克さんからのお誘いであった。在外研究で日高さんがお留守になる年に担当の経済原論の講義を非常勤で代講するよう依頼されたのではなかったか。日高さんが帰国されてから、続いて日高研究会にも参席するようになった。その研究会の発端は、もともと駒場の同級生であった山口さんや林健久さんらが、『資本論』読書会のチューター役を日高さんに依頼されたことにはじまっていた。一緒に読みたい本を相談して決めては、読書会形式で、二〇〇六年に日高さんがなくなる一、二年前までほんとに長らく続いていた。研究会の中身も濃かったが、前後の雑談もたのしみであった。

この研究会で、だれの提案であったか、ヘーゲルの『法の哲学』（1821）を読んだことがある。手元の版本には 1968.6 と書き入れがあるので、そのころからのことであろう。延々と四、五年はかけて読みすすめていた。ヘーゲルの壮大な観念哲学体系の最後に執筆されたこの著作は、「抽象的な権利ないし法」「道徳」および「倫理」の三部から成っている。あきらかに法律という意味より広く、権利とか正義とも訳せるドイツ語の Recht のあり方を、その抽象的で一般的規定から、道徳を介し、現実の社会を形成する家族、市民社会、国家の三層にわたる倫理を理念の弁証法的自己展開として認識してゆくところとなっている。

そこには中世までのキリスト教の支配から解放されて、自由で平等な人間主義的啓蒙思想のもとで、ドイツのプロイセン的国家、社会の秩序を、「理性的なものは現実的であり、現実的なものは理性的である」とする観点で、一方で合理化しつつ、他方で人びとの自由の実現をその理念として提示する論調を基調としていた。

若き日のマルクスは、ヘーゲルの啓蒙思想と弁証法的矛盾の展開の論理に強く惹かれていた。とはいえ、ヘーゲル左派のフォイエルバッハらによる人間の共有する本質の疎外された物神的表象がキリスト教の神にほかならないとする宗教批判を経て、あらためてヘーゲルの法哲学における現実の社会秩序の認識にたちもどり、「ヘーゲル法哲学批判序説」(1844)を執筆している。そこでは、人間の自由な主体としての解放は、宗教における物神的神の支配の束縛を、人間の自己疎外として批判し止揚するだけでは十分でない。現実の市民社会のうちに広く形成されつつあるプロレタリア階級にとっての人間的権原の普遍的疎外とその完全な回復・止揚をもとめる思想と理論が国民の土壌の底深くゆきわたったときに、ドイツ人の人間解放が成就されるであろう、とみなされている。

ヘーゲルの絶対精神(理念)の弁証法的自己展開の体系としての(観念)哲学においても、そこにふくまれていた啓蒙思想の人間主義的側面を宗教批判にむけて人間主義的唯物論に転じていたヘーゲル左派も、ともに人間の普遍的本質のみを強調していた。これに対し、より現実的で具体的な人間の近代資本主義社会のもとでの疎外・抑圧構造を、プロレタリア階級の広範な形成にそくして理解し、それによって資本主義にいたる階級諸社会の歴史としての人類史の根底的な克服・止揚の可能性を示す、マルクスに特有な唯物史観とその理論的基礎をなす経済学の発端が与えられたともいえる。

マルクスの主著『資本論』も、ヘーゲルの矛盾の展開による弁証法の論理に学びつつ、その法哲学の認識に示される抽象的な人間の理性や意志の発現としての社会秩序の自然視に批判的に対峙する近代資本主義の歴史性の解明につとめている。そのことは、日高さんや山口さんと『法の哲学』を研究会で読んでわかったことのひとつであった。それは、『資本論』が、先行する古典派経済学が自然的自由の秩序とみなしていた資本主義経済の歴史的特殊性を批判的に解明する「経済学批判」の体系をなしていることにも通底している。

たとえば『資本論』では第一巻第二編の「貨幣の資本への転化」論で、商品の等しい価値での貨幣による売買を流通市場で法則的に維持しつつ、貨幣として投じた資本が、流通をつうじて剰余価値を獲得しうるのはなぜかを難問として提示して、「ここがロドス島だ、ここで跳べ」というイソップ物語からの印象的な文言を引用している。それをうけて、資本主義を特殊な歴史社会として成立させる前提としての労働力商品の売買が導入され、資本主義に特有な剰余価値生産の秘密の解明に移る。そのイソップからの引用が実はヘーゲルの『法の哲学』の「緒論」の最後に近いところで、国家の倫理といっても、ここでは存在する国家の概念的(理性的)把握が課題で、あるべき国家の構想をめざすものではないという文脈で用いられていた。労働力を商品化する以外にない階級の歴史的存在を、現実的なものは理性的であると合理化できるかどうか、マルクスはヘーゲルに問いかけているのではないか。

もうひとつの例は、『資本論』第三巻第六編「超過利潤の地代への転化」の冒頭の「緒論」の章の注記にみられる。そこでは「私的土地所有に関するヘーゲルの説明以上にこっけいなものはありえない」としている。ヘーゲルは、人格としての人間は、自然としての土地にみずからの意志をもって占有し私的所有とするとみなしている。しかし、この規定では、同じ土地に同じくみずからの人格の実現として私有を主張する他人にどう対抗しうるか。占有し、私有する土地の広がりはどのように限界づけられるか。ともに不明だからである。

これにたいし、マルクスは、土地の私的所有への転化が、「資本主義的生産様式の歴史的前提」をなし、その前提条件は、具体的には資本主義発生期における資本の原始的蓄積過程(『資本論』第一巻第二四章)における農民からの耕地の収奪をつうじ、生産手段からきりはなされた無産の自由な賃金労働者階級を創出する暴力的社会変革により準備されたことをあきらかにしている。差額地代と絶対地代にわたるマルクスの地代論は、この土地所有が資本に利用されて、独占可能な自然力としての土地の利用にともなう超過利潤の地代化の論理を解明して、資本主義的生産様式に適合的経済形態に転化される原理を示すところとなっている。日高さんの『地代論研究』(時潮社、一九六二)は、大内地代論とともに、資本の土地利用にともなう超過利潤の地代への転化論を資本主義的土地所有の成立の原理とし、それによってヘーゲル的な非歴史的で抽象的人間の自由な意志の発現としての土地私有の説明を批判したマルクスの地代論の意義を示していた。しかし、宇野がこれに論評を加えていたように、資本主義成立の歴史的前提となる土地の私有化と、それを与件とする資本主義的土地所有の経済的形態の形成原理との二重の歴史性が、資本主義にとっての地代と土地所有の原理には問われているところも見逃せない。

独占可能な自然力としての土地を私有化し、それを前提に労働力を商品化して、成立し発展してきた資本主義が現代世界にもたらしている人間と自然の荒廃化による人類史的危機の深刻化と、それに対処すべき資本主義克服の可能性を探るうえで、農業問題にも土地・不動産の資本主義的利用形態の制約にも、資本主義経済の基本原理との関係において、さらに検討を要する重要な現実的考察課題が存続し、その意義を増しているのではなかろうか。

4　宇野理論の方法と現代世界の多重危機——巨匠宇野弘蔵をしのぶ

（1）宇野弘蔵の独創的方法論

日本の社会科学は経済学をふくめて概して欧米での研究に学びそれを咀嚼し適用することに重点をおいてきた。マルクス経済学の分野もその例外ではなかった。

明治時代以降、資本主義の母国イギリスでの自由貿易の論拠とされた古典派経済学、ついでそれに対抗するドイツの政策論を基礎づけようとしていた歴史学派ないし社会政策学派が輸入され、ついで日清戦争（一八九四〜九五）、日露戦争（一九〇四〜〇五）への反戦運動、労働組合運動、普通選挙を求める社会運動などを基盤に、社会主義思想とその理論的基礎としてのマルクス経済学の導入の試みが開始されていた。しかし、一九一〇年に幸徳秋水ら一二名の社会主義者を刑死させた「大逆事件」が捏造されて、以後ほぼ一〇年におよぶ「冬の時代」の弾圧が加えられる。それが一変したのは第一次世界大戦を契機とするロシア革命（一九一七）とドイツでの社会民主党政権のもとでのワイマール憲法（一九一九）制定にみられるヨーロッパ・デモクラシーの拡大をうけての大正デモクラシーの時代であった。

この時期には東京帝国大学経済学部が法学部から独立した（一九一九）ように、多くの主要な大学での経済学の教員ポストが増加し、そのかなりの部分がドイツに留学してマルクス経済学に惹かれていた若手研究者にあてられた。宇野弘蔵も向坂逸郎、土屋喬雄とともに第一期生として独立直後の東大経済学部を一九二一年に卒業した直後、ドイツに留学し、一九二四年帰国後東北帝国大学に経済政策論担当の助教授に採用されている。

それに前後して、一九二二年には日本共産党が結成され、二四年に一時解党したものの二六年に再建され、翌年以降モスクワのコミンテルン（共産主義インターナショナル）の指令のもとに活動をすすめている。二六年には社会民衆党や日本労農党も結成され、競合的な社会主義運動が展開される。それに呼応して一九三〇年代にいたるほぼ二〇年間に日本におけるマルクス経済学研究は論壇、学界をつうじ活況を呈し、強固な学問的伝統を形成していった。たとえば一九二七〜三三年には、世界で最初の『マルクス・エンゲルス全集』（改造社）が全二七巻三一冊、別巻一冊の規模で完成をみている。

欧米ですすめられていたマルクスの価値論、貨幣論、蓄積論、地代論、恐慌論などの正否や解釈をめぐる多くの論議が輸入され、学問的検討の課題とされた。それとともに、『資本論』をいかに日本資本主義に適用するかをめぐり、農業問題をひとつの重要な争点として、いわゆる日本資本主義論争が華やかにくりひろげられた。一方で、明治維新以降の日本には、封建的ないし半封建的な現物高額小作料を搾取する制度が存続しているので、日本の社会変革は、市民革命による封建制解体とそれに続く社会主義化への変革との二段階革命を要するとする見解が、コミンテルンの指令にしたがう日本共産党綱領の基本とされた。それを支持する研究が全七巻の『日本資本主義発達史講座』（岩波書店、一九三二〜三三）に結集され、この「講座派」の見解が多数派で正統的とみなされていた。しかし他方でこれに対立し、明治維新はすでに一種の市民革命をなしていたのであって、その後の日本資本主義は『資本論』の示す原理を社会的規模で実現しつつあり、農村もその作用をうけて、農民が事実上賃労働者に動員され分解されつつあるので、日本の社会変革は社会主義革命としての一段階論でよいとする雑誌『労農』（一九二七年発刊）に結集した一群のマルクス派も有力な存在をなしていた。この労農派は、戦後の日本社会党左派を、「社会主義協会」によりつつ支持するにいたる。

宇野弘蔵は、大内兵衛、櫛田民蔵、有澤廣巳、向坂逸郎、土屋喬雄らとともに、労農派の一員とみなされていたが、戦前は日本資本主義論争に直接参加していたとはいえない。とはいえ、その論争に深い関心をよせ、その学問的解明の基礎として、『資本論』による経済学の体系全体の方法論的再考にむけて、深く広い独自の思索をすすめ、いくつかの著書と論稿を公刊していた。しかしその作業は、日本のファシズムがマルクス派を弾圧する一連の事件、日本共産党や労働農民党などへの三・一五事件（一九二八）、講座派研究者へのコム・アカデミー事件（一九三六）、労農派活動家への人民戦線事件（一九三七）に続く、労農派教授グループ事件（一九三八）により中断される。宇野も検挙され大学から追放された。

宇野理論としての独創的なその研究がその全貌を多くの著書、論稿において開示され、あいついで論争の的となりながら、その支持者、後継者を増していったのは、一九四七年に宇野が東京大学社会科学研究所の教授に迎えられてからのことであった。その全体は、日本の社会科学の分野では、きわめて稀な特色を有していた。欧米でのマルクス経済学の輸入と応用の戦前からの多くの試みをふまえたうえで、それら先行研究の多くにはみられない、つぎのような三つのあい関連した魅力的で独自の方法論にもとづいていたからである。

第一に、イデオロギーと社会科学としての経済学との峻別である。マルクス経済学は、通常、社会主義イデオロギーにより資本主義経済の矛盾や限界を批判する学問であるとみなされやすい。それは非マルクス派からの見方にとどまらない。ソ連型マルクス学派自体が、労働者階級を代表する共産党の思想や発想にそった経済学を「正統派」とみなし、社会主義思想や唯物史観にもとづく、思想的学問としてマルクス主義経済学を位置づけていた。宇野はこれに強く反対して、『資本論』とそれにもとづく社会科学としての経済学は、史実と論理とにより客観的で普遍的な学問的認識を追究するものであり、社会主義思想や社会主義政党の方針がその学問的認識内容の正否の基準となる関係にはないこと強調していた。

そこにはコミンテルンの指令にそって日本共産党の綱領が動揺するのに対応して講座派の分析が変動した経緯への批判も含意されていた。とはいえ、しばしば誤解されるように宇野理論は、社会主義イデオロギーの実践的役割を軽視する理論ではない。むしろ社会科学としての客観的理論とそれによる現状分析が、社会主義の主張や実践に役立つことを期待するとともに、他方で社会主義により資本主義経済を自然視する思想的制約から解放されることが、資本主義経済の歴史性の解明に役立つことを重視していた。それぞれの役割を峻別したうえで、社会主義思想とマルクス経済学との相補的関連性を重視しているのである。

第二に、『資本論』に示されているような資本主義経済の原理論と、それにもとづく資本主義の世界史的発展にそくした発生期の重商主義段階、産業革命を経た確立期の自由主義段階、一九世紀末以降の爛熟期の帝国主義段階についての段階論的研究とでは、研究の次元が区別されなければならない。後者では世界市場における先進的国家と主要産業の変化、それにともなう支配的資本とその蓄積様式の変容が具体的にあきらかにされなければならない。レーニンの『帝国主義』（1917）は、こうした資本主義の発展段階論の研究領域の重要性を開示していたと考えられる。

宇野は東北帝国大学における「経済政策論」の講義を、そのような資本主義の世界史的発展段階論を構成する内容としておこない、その前半（自由主義段階まで）をとりまとめて『経済政策論』上巻（一九三六）を公刊していた。後半の帝国主義段階までをふくむ『経済政策論』（一九五四、改訂版一九七一）は、代表的な主著のひとつをなしている。宇野によれば、第一次世界大戦後の世界経済や日本資本主義の現状分析は、『資本論』の原理論とあわせて、帝国主義論を一環とする資本主義の発展段階論をともに考察の基準としてすすめられなければならない。

たとえば日本資本主義論争における講座派は、『資本論』の原理にてらし日本資本主義の農業問題の特殊性を非資本主義的封建遺制によるものとみなし、労農派は日本の農民層もすでに『資本論』で説かれているように賃金労働者化しつつあることを、それぞれに一面化して強調していたのではないか。帝国主義段階のドイツ資本主義が、多くの農民層を農業問題として内包しつつ、高度な資本構成による重工業を金融資本の基礎として帝国主義列強の一角に登場していたことをも、考察の基準として再考すれば、日本資本主義の農業問題もその特殊性と一般性とをより正確に分析しうるのではないか。

マルクス経済学の全体の研究を、こうして原理論、段階論、現状分析の次元の異なる三段階に体系的に区分して、再整理する宇野三段階論の方法は、帝国主義段階以降現代にいたる資本主義の変容を理論化する試みにより、『資本論』の経済モデルはすでに現代世界には妥当しない古い資本主義の理論であるとして（修正主義的に）棄却したり、逆に現代世界にも『資本論』の経済学がそのまま適用可能であることのみを強調して、資本主義の現代にいたる歴史的変容を十分解明しえなくなるような偏りや混乱をしりぞけ、『資本論』を現代にいたる資本主義の世界史的発展段階の推移と現状の具体的研究に、原理的考察基準として活かす体系的道筋を示していた。

第三に、こうした社会主義思想に学問的論拠を与える社会科学としてのマルクス経済学の独自の役割とその三段階論による体系的分化の方法とは、さらに『資本論』自体の経済学についての宇野による徹底した独創的理論研究を強固な基礎とし、それに支えられていた。

（2）『資本論』の活かし方

社会科学としてのマルクス経済学についての宇野弘蔵によるこうした体系的方法論とそれを基礎づける研究内容は、大学院までの修業時代にそれこそ日常的に諸先生、諸先輩から学び続け、宇野の多くの著書も読みすすめてはいた。しかし直接にその謦咳に接する機会はなかった。大学院に進学する一年前に定年で退官されていたからである。

はじめておめにかかったのは、一九六四年で助手に採用された直後の五月ごろではなかったか。大学院の宇野ゼミにいた諸先輩が企画して、その年の四月に刊行された『経済原論』（岩波全書）のお祝いをかねての研究会がひらかれたおりであった。席につかれた先生は、ポケットからこの新著をとりだして「ポケットにも入るんだ」とすこし自慢そうにいわれた。じっさい、膨大な『資本論』の理論のエッセンスをその一〇分の一よりはるかに少ないページに、しかもいたるところに独自の理論的彫琢を加えつつ、みごとな経済学の原理論に結晶させているこの著作は、その濃密な凝集度においてもたぐい稀な名著といえる。二〇一六年には岩波文庫にも収録されている。いっそうポケットに入りやすくなったとあの世でよろこんでおられるのではないか。

初対面ではあったが、この研究会で手をあげて「先生は『価値論』（一九四七）以来、商品の第一の規定を使用価値としている『資本論』に疑問を呈し、むしろ第一の規定は価値とすべきだとされていました。ところがこの著書の商品論では「商品は、種々異なったものとして、それぞれ特定の使用価値としてありながら、すべて一様に金何円という価格を有していることからも明らかなように、その物的性質と関係なく、質的に一様で単に量的に異なるにすぎないという一面を有している。商品の価値とは、使用価値の異質性に対して、かかる同質性をいうのである」と説かれ、使用価値をまず示し、つぎに価値規定にすすんでいるように読めるのですがいかがでしょうか」と質問した。先生はこれにた

著者所蔵の宇野『経済原論』初版本（右）と2016年刊行の文庫版。

いし、「もともと商品は共同体と共同体のあいだに発生し、異質な諸社会のあいだに経済関係をもたらす性質に由来しているからね」とうれしそうにいわれた。答えになっているのかどうか、判断しかねたが、『資本論』を圧縮するなかで、宇野がマルクスに学び冒頭の商品の二要因論から、商品に内包されている奥の深い人類史的意義をあきらかにする理論としての含意を大切にしていることを実感させられた。

そこには、マルクスにもつうずることであろうが、巌のように堅固で手厚い思索にもとづく巨匠としての理論家の風格が感じられた。

宇野三段階論の方法は、この『経済原論』の「序論」でも述べられているように、資本主義の世界史的発展段階論と現状分析への考察基準となる経済学の原理論が、一六世紀から一九世紀にいたるイギリス社会の発展傾向を延長して「資本家と労働者と土地所有者との三階級からなる純粋の資本主義社会を想定して、そこに資本家的商品経済を支配する法則を、その特有なる機構とともに明らかにする」理論体系として完成できるとみなし、そうしたいわゆる純粋資本主義の原理的解明の課題にそって『資本論』の理論的エッセンスを独創的に再構成した成果にもとづいている。その客観的で学問的な基本概念の体系的認識は、社会主義イデオロギーに論拠を与えることにはなりうるが、イデオロギーに依拠した理論展開とはいえない。資本主義の原理的機構と運動法則の解明は、資本主義の発展にもとづく科学的理論をなすが、資本主義の世界史的な発生、確立、爛熟の段階的推移や現状ついての経済政策やその基礎となる支配的産業や資本の蓄積様式をふくめた具体的な研究とは、次元を異にし、それらの考察基準となるべき資本主義的商品経済の一般的な理論体系をなす。

こうした課題にそった宇野原論の純粋資本主義論は、段階論や現状分析と区別されるとともに、その内部に資本主義経済の重層的な歴史性についての考察をふくまない理論体系とみなされる傾向も生じてきた。『資本論』の労働価値説をベーム＝バヴェルク以来の多くの批判に対しどう論証するかという現代に続く大論争問題に対する宇野原論の独創的解法もその傾向を助長している。というのは、ヒルファディング以来のマルクス派の多くが依拠してきた歴史論理説において、資本主義に先行する単純商品生産社会を想定して『資本論』第一巻冒頭での労働価値説の妥当性を理解し、ついで第三巻での価値の生産価格への転化は、単純商品生産者社会から資本主義への歴史的転化にそくした論理であるとする通説に、宇野が反対し、労働価値説は労働生産物が全面的に商品化される資本主義的生産のもとで、はじめて社会的な経済法則として各生産物に対象化される労働量の価格としての価値の形態への必然的な規制が明確に論証できることを主張しているからである。それに対応して歴史論理説における単純商品生産者社会は資本主義に先行して無階級社会を商品経済社会として想定しているところに基本的な問題があることも明確にしている。

労働価値説の論証を資本主義的な生産についての価値形成論において示す宇野の創意は、さかのぼって『資本論』第一巻の第一・二編におかれている商品、貨幣、資本の基本概念の解明を、純粋な「流通形態論」として、価値の実体としての労働の社会的量関係にふれない、価値の形態規定の展開に再構成する、まさに独創的理論の試みに対応していた。その経緯からまた、『資本論』冒頭の商品は、資本主義に先行していた商品経済からとりだされたとはみなさず、資本主義経済からその細胞形態をとりだしたものと宇野は解釈している。

にもかかわらず、資本主義の基本形態としての商品の二要因の規定に、本来社会と社会のあいだの交易に由来する古くからの商品の価値形態の人類史的意義を、マルクスから読みとり含意させているところにマルクスによる宇野原論の魅力があるのではないか。純粋資本主義論の基礎理論とされる商品、貨幣、資本の価値形態の展開全体にもその含意は見失われてはならない。商品経済を形成するそれら基本の三形態の多くは、それらの有機的関連をふくめて、資本主義経済の内部のみに見出されるものではない。むしろ古代以来さまざまな共同体的諸社会のあいだやその周辺にある程度発達していたところでもあった。資本主義は、これらの商品経済的諸形態を社会内部の経済生活の組織原理に内面化し、無政府的な商品取引を全面的に経済生活の組織形態に転化して成立する。

その歴史的前提をなした画期は、『資本論』が「貨幣の資本への転化」の章の最後に明記しているように社会的規模で労働力が商品化されることにあった。宇野原論もこれに学んで、流通形態論の最後に貨幣を投じて貨幣を増殖する資本の運動形式は市場経済とともに古くから商人資本と金貸資本としてみられたが、いわゆる資本の原始的蓄積をつうじ、マルクスのいう二重に自由な近代的無産労働者の大量的出現により、労働力の商品化が実現されたことにより産業資本としての運動形式が成立し、資本主義的商品経済が歴史社会として成立したことを、『資本論』にくらべてもより明示的に歴史的な転化論として述べている。

さらに資本の生産過程の考察にさいしても、宇野は、『資本論』により、資本のもとでの生産方法の発展について、協業にもとづく分業を一六、七世紀の羊毛工業におけるマニュファクチュア（工場制手工業）にそくして考察し、それに続く綿工業における機械的大工業への展開をもたらした産業革命の歴史的意義を明記している。

そうしてみると宇野の純粋資本主義論としての原理論は、単純に完成された資本主義社会の内部にくりかえされる運動法則とその機構を解明する理論体系にとどまらない。商品経済と資本主義経済とにわたる多層的歴史性の理論的解明の体系としての広がりを『資本論』から引き継ぎ内包しているところがある。そのことは考えてみたい興味ある方法論的問題をなしている。そのことは本書の書評（『東京大学新聞』1964.8.5）にも書いた。

同じ一九六四年の秋であったか。箱根の法政大学の寮で宇野先生をかこむ研究会があって、帰りの車中、流通論と生産論の展開関係をめぐり、歴史と論理の方法論的関係に話題をむけると、いま、貨幣の資本への転化論についてその問題にもう一度考えをすすめているところだと楽しそうにいわれた。その歳の一二月に『社会労働研究』に公刊された「『貨幣の資本への転化』について――降旗節雄君の批評に答える」がその成果にあたる。そこでは、労働価値説の論証は与えていないにせよ、流通形態論においても価格の基準としての価値の法則的規制は想定されてよいのではないか。流通論を構成する商品、貨幣、資本の規定においても、商品論は価値形態論、貨幣論では貨幣の多様な機能論が課題とされるのに対し、貨幣の資本への転化は、産業資本の運動形式が労働力の商品化により成立することを明確にするために、それに先立つ商人資本形式と金貸資本形式とからの資本の運動形式の転化論に中心課題があり、それぞれの展開の論理には、その課題にそくした相違もあってよいのではないか。といった重要な問題も提示されていた。鈴木＝岩田・世界資本主義論とあわせて、いまだに考えさせられ続けている。

『資本論』の理論的エッセンスを経済学の原理論として純化完成する宇野原論の独創性は、『恐慌論』（一九五三）にも示されていた。そこでは一九世紀中葉の典型的景気循環の反復を抽象の基盤としつつ、『資本論』において、かならずしも整合しない解釈を生ずるいくつかの恐慌論の並存がみられるなかから、労賃上昇説的資本過剰論を純化完成させる試みが示されていた。そこでは、労働力の商品化に基礎をおく資本蓄積の進展が、好況期の雇用拡大をつうじ、その末期に労働人口に対する資本蓄積の過剰化による労賃の騰貴と利潤率の低落をまねき、その進行を弾力的に助長していた信用制度における貸付可能な貨幣資本の需給ひっ迫にともなう利子率の高騰ともあいまって、ゆきづまり恐慌を発生させるとされていた。それは、本書の第2章でもふれておいたが、通説的な従来の過少消費説ないし不均衡説的な商品過剰論的恐慌論に対峙し、資本主義経済の内的矛盾の発現を示す周期的恐慌が、資本主義成立の基本前提をなす労働力の商品化の無理に根差し、しかも産業資本の蓄積を媒介する信用制度のマネタリーな拡張と収縮のしくみをつうじ発現する必然的崩壊現象としてあきらかにする試みをなしていた。『資本論』全巻のなかで最も完成度が低い第三巻第五編の利子論が、その試みにそって、みごとに再構成され役立てられているところにも、宇野による『資本論』の活かし方の優れた事例が読みとれる

大学院生のころからほぼ一〇年をかけてとりまとめ博士論文とした最初の拙著『信用と恐慌』（一九七三）は、宇野恐慌論に学び、その意義をマルクス自身の恐慌論の形成過程やマルクス以後の恐慌論研究の多くの試みのなかに位置づけつつ、いくつかの理論的拡充を加えようとした試みをなしている。とくに宇野が現実の恐慌現象には重要な事象と認めながら、原理的恐慌論では省略している、商業資本や産業資本の投機的取引の膨張と崩壊が、諸資本の競争と信用を介して好況を恐慌に転ずる不可欠な一因をなしているとと原理的にもみるべきではないか。

それが商品の販売困難としての商業恐慌、信用恐慌、産業恐慌を一体化して急性的に周期的恐慌を必然化する原理をあきらかにすることにもなり、段階論や現状分析の次元での恐慌の考察基準としても大切な一面となるといえないか、と考えていた。

公刊されたこの拙著を宇野先生にお送りしところ、思いがけずはがきのお礼状をいただいた。少し細かく考えすぎていないかというご注意とあわせ、物価の変動論などまだ十分解明できていないと感じているところもあるとの所感も記されていた。きびしい先生といわれてはいたが、孫弟子の私などにも理論的に興味ある問題をともに考えようとする姿勢で終始接してくださったことがうれしく忘れられない。

（3）現代世界の多重危機のなかで

宇野三段階論の方法は、『資本論』を社会科学としての経済学の原理論として純化完成するとともに、それを考察基準として第一次世界大戦までの資本主義の世界史的発生、確立、爛熟の発展段階論を経済政策の基調の変化とあわせて解明し、その両者をふまえてその後の世界経済と日本資本主義の現状分析をすすめる課題を強調していた。

実際、宇野が重視していたように、第一次世界大戦後の現代資本主義は、世界大恐慌をふくむ戦間期の危機の三〇年にしても、ロシア革命後の社会主義国の成立と拡大に対抗する立場におかれ、そこからファシズムやニューディールのような国家主義的組織化も試みられていた。第二次世界大戦後の資本主義世界経済の復興と高度成長にしても、勝利をおさめたアメリカを中心とするニューディール型資本主義のケインズ主義的福祉国家による労資協調体制を基調とし、拡大する社会主義圏に対抗する冷戦構造を形成していた。

資本主義の現代的変容と動態の分析に、こうした観点はたしかに適切な一つの枠組みを示唆していた。とはいえ、その後の推移もふまえてみると、第一次世界大戦後の現代資本主義は、（『経済政策論』改訂版の「補記」も述べていたように）すでに世界史的には社会主義への過渡期にあるとみてよいかどうか。またそのような過渡期としての観点からも、資本主義の発展とその内的矛盾の発現についての原理的考察の適用をさけて、むしろ社会主義に対抗する雇用・福祉政策を拡充する「国家独占資本主義」としての国家の現代的役割の拡充を重視して資本主義の現状分析がすすめられるべきだと三段階論の方法が解釈される傾向が、たとえば大内力『国家独占資本主義』（一九七〇）などにみられたとすれば、それは適切であったか。

そうした解釈では、『資本論』の経済学の原理的核心部分を体系的に完成し、それにもとづく資本主義の世界史的発展段階論とあわせて、現代世界の現状分析に考察基準として活かそうとする宇野理論の本来の意図が十分達成できないおそれはないか。そのひとつの原因は、宇野がスターリン批判にさきだって、論文「経済法則と社会主義」（一九五三）でソ連型マルクス派の指導的役割を果たしていたスターリンの所説に批判的論評を加え、ソ連型正統派マルクス学派に一貫して学問的に対峙していながら、ソ連型社会主義がやがては健全化されて、世界史的な社会主義の時代への移行の先駆になるとやや楽観的に期待し続けていたことにもあった。大多数の世界のマルクス理論家にとっても一九七〇年代以降のソ連型社会主義のゆきづまりと解体（1991）にいたる経緯は想定外の変転であった。

他方で第二次世界大戦後の資本主義先進諸国の一九七〇年代初頭までの高度成長についても、ニューディールをひきついだケインズ主義が経済政策の基調とされながら、戦後の復興期を終えたのちには、国家の財政・金融政策が上から成長を牽引していたのかどうか。西独や日本のような敗戦国をふくめ復興後の成長軌道にのった先進諸国は、むしろ健全財政の基調を維持しつつ、フランスのレギュラシオン学派のいうフォード的蓄積体制として、資本と賃労働との協調による高生産性とそれに見合った高賃金の好循環が有効需要の自律的拡大を実現していた。それを支えていたのは、アメリカの産業覇権にもとづく安定的なブレトン・ウッズ国際通貨体制の枠組み、各種家電、クルマ、住宅などの一連の耐久消費財の大量生産に利用可能な新技術のフロンティア、それを利用する大量生産・大量消費の産業的成長に利用可能な良質で相対的に安価な労働力の周辺農村部などからの供給余力と世界市場における原油をはじめとする一次産品の安価な供給の継続の四条件であった。

高度成長を終焉させたインフレ恐慌（一九七三〜七五）は、これら四条件がほぼ四半世紀にわたる先進諸国の産業的生産拡大をつうじほぼ使い尽くされ、労働力と一次産品の供給余力に対する産業資本の過剰蓄積をもたらすとともに、ブレトン・ウッズ国際通貨体制の崩壊にともなう変動相場制への国際通貨体制の変転過程でケインズ主義的経済危機対策が通貨、信用の過度の膨張をもたらして、インフレ悪性化による打撃を広げた結果とみてよい。その経済危機は、現代的様相のもとに、宇野原論における資本過剰論としての恐慌の原理的解明がきわめて有効な考察基準として適用されてよい事例をなしている。

このインフレ恐慌を介し、ケインズ主義が威信を失い、新古典派ミクロ理論の現代的再生のさまざまな試みを論拠としつつ、一九八〇年代以降新自由主義が政策基調とされるにいたる。国家の雇用・福祉政策を削減して、市場の競争原理にゆだねることで、効率的で合理的な経済秩序が再建されるとする発想のもとで、民営化、規制緩和、労働組合の弱体化、投資と金融のグローバリゼーションが助長されてきた。その政策は成功したであろうか。むしろ日本を典型例として先進諸国の長期不況的衰退、投機的バブルとその崩壊の反復に示される不安定性の顕著な増大、富と所得の格差の大幅な再拡大、少子高齢化と地球温暖化などの自然環境破壊による人間と自然の荒廃化が、あい関連する累積効果をともない、大多数の働く人びとの未来に閉塞感を深めていないか。東日本大震災や今回のコロナ禍のような自然災害もそれを助長しているといえよう。

こうした新自由主義的資本主義のもとで先進諸国に生じている多重危機の構造的悪循環は、先行する危機の三〇年と高度成長期と比較しても、資本主義が社会主義に対抗しつつ社会的規制を加えて統御される方向から解放されて、労働力の商品化にもとづくその原理的運動に内在的な人間と自然との再生産をくりかえし多面的におびやかす経済危機を現代世界に広げ深化していることを示しているのではないか。その特徴を『逆流する資本主義』(一九九〇)と総括してみたこともあるが、いまやそれを反転させ新自由主義のゆきづまりに応える進歩主義的な広義の社会主義的変革が、現代世界に切実な課題とされる機運にある。グリーン・ニューディールといのちの安全を社会の全成員に保障する医療・保険制度の確立などの課題をふくめ、資本主義と社会主義との双対的危機が深い現代世界のなかで、その根源と現状を総合的に解明し、人類史的危機を克服する展望をひらく学問的作業をともにすすめなければならない。『資本論』を社会科学としての原理論として位置づけて整備し、それを考察基準として資本主義の世界史的発展段階の推移と現代世界の現状分析に活かそうした宇野の試みをどう継承するか、国際的にも注目され意義を増しているところと思われる。

5 マルクス・ルネッサンスへ——M・デサイ、M・ドッブ、B・ローソンらとの対話

（1）欧米マルクス・ルネッサンスへ

『資本論』にもとづき現代世界をいかに理解しうるか。一九五五年に東京大学に入学し、学部、大学院であわせて九年間、この問題を考え続け修業時代をすごした。日本の社会科学のなかでもとくに独創的な宇野学派の興隆期に、その中枢を担っていた理論家たちを諸先生、諸先輩とする恵まれた環境のなかで学問的刺激をうけて育てられた。

ついで助手から助教授になってまもなく、世界的な急進的学生運動が一九六八年のフランスでの五月革命や他の欧米諸国でのベトナム反戦運動などをつうじ高揚し、日本でも東大紛争、日大紛争などから全共闘闘争が全国的に広がっていった。

その運動は、戦後の高度成長期の資本主義が、ベトナム戦争のような非人間的抑圧をくりかえし、文明的ゆきづまりを深めていることへの閉塞感への若者世代の反発を重要な一契機としていた。しかしそればかりではない。二〇世紀型社会主義を代表していたソ連型社会主義にも、その体制を擁護してきた各国の共産党、労働党、社会党などの旧左翼にも人間の自由を阻害する抑圧関係をほんとうに克服する方向にあるのかどうか。ハンガリー事件（一九五六）、チェコ事件（一九六八）などをつうじ、左派にも深刻な動揺が生じていた。

そのため、とくにヨーロッパ諸国では、たとえば雑誌*New Left Review*の発刊（1960）にさいし、W・モリス（一八三四〜九六）の引用からはじめて、社会主義の理念に失望している若い世代に、経済的・政治的領域のみならず文化的・社会生活の分野でもひろく社会主義の人間主義的魅力を再生させなければならないと訴えていた。そのような発想が共有され、西欧知識人のあいだに政治学、歴史学、哲学、社会学などの広い諸領域にわたるマルクス・ルネッサンスへの気運が醸成されていった。その機運は、学生運動の世界的高揚過程で西欧諸国における経済学の分野に波及し、マルクス経済学のルネッサンス運動をも生ずるにいたる。

ふりかえってみると、戦後の東西冷戦体制のもとで、東欧などの社会主義諸国にはスターリン以降のソ連型の教条化され異端を許さないマルクス主義経済学が支配的教義とされ、西欧諸国にはアメリカの新古典派のミクロとマクロの標準化された経済学が支配的教義とされ、経済学の多様な発展可能性が大きく損なわれる傾向がそれぞれに生じていた。その時期に、日本の大学、論壇が、マルクス経済学と新古典派経済学とを自由な研究と教育に許容し共存させ、マルクス経済学においてもソ連型マルクス主義経済学とともにこれに批判的に対峙する宇野理論のような経済学の発展も多様に可能としていたのは、世界的に稀な例外であったといえよう。

宇野弘蔵をふくめ戦前以来の日本の多くのマルクス理論家が影響をうけたドイツ語圏のマルクス理論家がナチスの弾圧で戦後の西ドイツやオーストリアなどで根絶やしにされていた。それに対し、日本ではファシズムの弾圧でマルクス理論家がほぼすべて大学から排除されながら、生きのびて占領軍にも戦争に抵抗していた学者たちとして大学復帰を容認され、学生に歓迎され後継者を育成しえた。これと異なり、戦後の西欧主要諸国では、マルクス経済学の分野では、M・ドッブ、P・スウィージー、R・ミークらのごく少数の理論家を除き、学界や論壇にマルクス学派とよべるほどの研究者層は存在していなかった。

そのため、高揚した西欧諸国の学生運動のなかから、正統派の新古典派経済学を専攻し教職に就くかそれをめざしていながら、資本主義の限界に批判的に理解をすすめようとし、しかもソ連型マルクス主義経済学にも満足できない優秀な若者たちが、ながらく埋もれていたマルクス経済学の理論的潜勢力に注目し、それを発掘し現代世界の理解と変革に活かそうとする試みを、国際的に連帯しつついっせいに開始する。それによって、一九六〇年代以降の西欧マルクス・ルネッサンスは、『資本論』研究を基本とする経済学に裏付けられる新左翼の思想と理論の運動として本格化したといえよう。

たとえば、アメリカのラディカル経済学連合（Union for Radical Political Economics, URPE）は、一九六〇年代末に結成され、マルクス経済学を研究の中心とすることを宣言し、一九七五年には二二〇〇人の会員を有するにいたる。イギリスの社会主義経済学者学会（Conference of Socialist Economists, CSE）も同じころ発足し、一九七八年には会員数一三〇〇人に成長していた。

それぞれの機関誌もその後継続して刊行され続けている。

それらの西欧マルクス経済学の若い世代の担い手たちの多くは、新古典派経済学の専門家としての教育をうけ、たえず新古典派の主流派とのきびしい緊張関係のもとにおかれている。それゆえその研究はつねに新古典派のミクロ理論およびマクロ理論への批判を明示的ないし暗黙にふくんでいることが多い。ミクロ経済学にくらべれば、ケインズにはじまるマクロ理論にマルクス派として親近性を示し、現代世界とその財政・金融政策の理解のために活かせるところもあるとみなす研究も少なくない。いずれにせよ新古典派理論の内容を咀嚼したうえでのその批判や利用には、適切で学ぶべきところが多い。それとともに新古典派の多用する数理的モデルの構築や適用を、マルクス派の観点にたってすすめることで、新古典派が支配的なジャーナルや職場にも採用される可能性をひらいている事例も少なくない。

これにくらべ、戦後の日本のマルクス経済学は、むしろもっぱらその内部での論争問題をめぐり理論的、実証的研究が深化し、発展してきた。そこにある意味での強さも弱さもあったのではないか。一九六八年以降の世界的学生の変革運動のなかで、日本の新左翼は一方で、その思想的、理論的基礎として旧左翼が依拠していたソ連型マルクス主義に対峙し、少なくともその有力な一翼は宇野理論を評価し、そこから派生していた鈴木＝岩田・世界資本主義論も理論的基礎としていた。しかし他方で、学界、論壇でマルクス経済学が確立した地位を占めていたので、西欧の諸国でのようにマルクス・ルネッサンスとしての再評価を経済学の分野で連動して展開する試みにはつらなりにくかった。

しかも全共闘運動は、反戦、社会革命から、むしろ既存体制の権威主義の一環としての大学解体に重点をおくようになり、その運動スタイルが暴力的に過激化し、分派間および分派内部の抗争も内ゲバをともない、連合赤軍のあさま山荘事件（一九七二）まで生じ、後続世代を学生運動や社会的変革運動から遠ざける悪影響さえ残した。そのことは、新自由主義のもとでの戦闘的労働運動の衰退とあわせて、この時期を境に、西欧主要諸国とはまったく対照的に、経済学の分野でのマルクス経済学の若い世代への継承・発展関係に日本の学界で困難を増し、アメリカの主流派経済学の支配力を増大させる一契機をなしてきたように思われる。

それとともに、当時の学生運動が西欧諸国には対照的にマルクス・ルネッサンスを経済学の領域にもおよぼしつつ定着させていった経過は、日本の学界にも学生運動にもほとんど伝えられず、その意味での国際的連帯には大きく欠けるところがあった。拙著『信用と恐慌』（東京大学出版会、一九七三）を博士論文としてしあげて提出した直後に一九七四年三月から在外研究の機会に恵まれ、ロンドン・スクール・オブ・エコノミクス（ＬＳＥ）とハーバード大学とに半年ずつ滞在し、はじめてそれに気づかされた。

それは私にとって、学問的に未知の新大陸発見のように感じられた。その現地報告は雑誌

『経済評論』に連載され、拙著『資本論研究の世界』（新評論、一九七七）にも収録されている。宇野学派の興隆の一端を担い、ついでその成果を紹介しつつ西欧マルクス・ルネッサンスに参加し、相互交流につとめたことが私のその後の研究の特徴のひとつかと思っている。

(2) スラッファ理論とマルクス価値論の再評価——ドッブとの対話

ＬＳＥでは森嶋通夫教授（一九二三〜二〇〇四）に依頼して客員研究員として受け入れてもらった。その著書 *Marx's Economics* (1973) が出版された直後であった。が、マルクス労働価値説に数理経済学的検討を加えつつ、結局はこれを放棄し、フォン・ノイマンの理論モデルによることを推奨している論旨になじめず、敬遠していた。その論旨は、それに先立つＰ・サムエルソンによるマルクスの価値の生産価格への転化論をめぐる一連の批判的考察にも近似していた。とはいえ、西欧の新古典派経済学の数理的モデルによる考察を専門的に学んでいた若手研究者にとって、置塩信雄らの数理経済学的マルクス価値論の研究にも依拠した森嶋の転形問題のとりあつかいは、サムエルソンらの検討とあわせ、マルクス経済学の基礎理論が、現代的数理経済学による考究にも値する内容を有することを強く印象づけてもいた。その意味では、経済学でのマルクス・ルネッサンスへの一貢献をなしていた。

ＬＳＥでのマルクス経済学の講義を森嶋とならんで担当していたＭ・デサイ（一九四〇〜）は歳も近く、すぐに親しくなって毎週のように研究室で論議を交わしていた。その著書*Marxian Economic Theory*（1974）での転形問題のとりあつかいも、何度か話し合った。デサイによると、サムエルソンらのようにマルクスの価値論を商品生産物の相対価格決定論としてのみ解釈し批判するのは正しくない。マルクスの価値論は剰余価値の生産をめぐる資本と賃労働の生産関係の解明を重視する理論であり、生産価格としての商品生産物の相対価格決定論とは理論的規定の次元を異にする。それは宇野学派のなかで、鈴木鴻一郎編『経済学原理論』上・下（東京大学出版会、一九六〇、一九六二）が示していた見解と類似性が高い。

しかし、次元の相違論で価値と生産価格の展開関係における価値の実体としての労働の量関係と生産価格としての価格関係との体系的相互関係が十分解けているのかどうか。『信用と恐慌』にとりまとめた恐慌論研究に続き、価値論の研究に本格的に取り組もうとしていたこの時期に、その問題に興味をひかれた。デサイをはじめ世代的にも近接した欧米のマルクス理論家が、転形問題をめぐり、非マルクス学派からのマルクス批判に応戦しつつ、マルクス価値論の現代的発展につとめている作業に共感をおぼえ、それに協力したいと感じていたのである。

議論をすすめるなかで、『資本論』では価値論と表裏の関係で恐慌論も重要であり、価値論にもとづき、資本主義の内的矛盾の発現としての周期的恐慌の原理をどう理解するか、現代世界の危機の分析のためにも、重要な課題であろう、ということも述べていた。そのような研究をしてきたのなら、その成果の一端でもぜひ英語でまとめるようデザイに強くすすめられ、執筆したのが論稿 The Formation of Marx's Theory of Crisis であった。CSEの機関誌 *Bulletin of the Conference of Socialist Economists* (Feb. 1975) に公刊された。この機関誌はその後 *Capital and Class* と改称され、通常のA5判のきれいな体裁になっているが、当時はまだA4判でタイプライターの印字を謄写版でコピーし、青い表紙をつけてホッチキスでとじあわせたような手作り感のある雑誌であった。

メグナッド・デサイ氏と。1981年3月14日撮影。

『資本論』の第一草稿にあたる『経済学批判要綱』から第二草稿の一部にあたる『剰余価値学説史』を経てマルクスの恐慌論がいかに形成され、宇野『恐慌論』（岩波書店、一九五三）がめざした方向に拡充されていったかをとりまとめたこの論稿は、幸い多くのマルクス理論家たちに読まれた。ドイツ語、イタリア語などにも翻訳されている。

それに続き論文を英語で依頼されたり、執筆する機会が多くなった。数年たって本にまとめられそうになった。しかし、価値論と恐慌論とにわたっているので表題をどうするか。迷っていると相談したら*Value and Crisis*でいいではないかと助言してくれたのもデサイであった。この本は一九八〇年に出版された後、フランス語、オランダ語、韓国語、中国語に翻訳された。いまだに国際学会で見知らぬ若手研究者から読みましたと声をかけられたりしている。今年〔編集注――二〇二一年〕増補再版も刊行された。日本語版もあってもよいかとときに思ったりしている〔編集注――二〇二四年春に、伊藤誠・江原慶訳で岩波書店から出版予定〕。

ケンブリッジ大学はロンドンから一時間半ほどでゆける緑豊かな美しい大学町にある。マーシャル、ピグーの新古典派ミクロ経済学、厚生経済学、ついでケインズによるマクロ経済学を生んだ経済学の先進的センターのひとつをなしていた。ケインズの高弟であったJ・ロビンソン、N・カルドア、『商品による商品の生産』(1960, 菱山泉・山下博訳、有斐閣、一九六二)で新リカード学派を創始したP・スラッファ、マルクス理論家のM・ドッブ(一九〇〇~七六)と若手のB・ローソンらの魅力的なスタッフが経済学部に集められていた。そのなかのロビンソンやスラッファらがアメリカのケンブリッジにあるMITやハーバード大学の新古典派理論家たちに、資本の価値と利潤率ないし利子率としての収益率との決定関係に循環論証的誤りがないか、批判的に問いかけた資本論争ないしケンブリッジ・ケンブリッジ論争は、注目を集めていた。

結局は多くの理論家たちがイギリス・ケンブリッジの批判が妥当であったと認めることとなった。

その過程で、スラッファが、投入と産出の技術的な産業連関と、実質賃金と利潤率との相反的関係のいずれか一方が与えられれば、それらの客観的物量関係から均衡価格の体系が整合的に導けることを論証したことが、新古典派限界理論に対する批判の重要な背景をなしていた。その新リカード理論は、リカードの穀物利潤論を現代化したものと読める。そこからリカードが労働価値説を展開したように、客観的な物量的技術体系と実質賃金の内容をなす労働者の生活手段の標準的物量が与えられれば、各商品と労働力の再生産に要する投下労働量も同時に決定可能になる。それゆえ、リカードに代表される古典派経済学の労働価値説を批判的に継承したマルクスの客観価値論が、非マルクス派からの否定的論難に抗して、新古典派経済学の主観的な限界的選択理論に対抗しうる、現代的な数理的考察の結果としても妥当性を有していると認めることができる。

ほぼこうした観点でドッブは、その最後の著書『価値と分配の理論』（1973, 岸本重陳訳、新評論、一九七六）において、スラッファ理論による新古典派的経済理論の批判への序曲をうけて、A・スミス以来の客観価値論としての労働価値説が再評価され、価値論論争が再燃している状況を位置づけていた。若い世代のマルクス経済学のルネッサンス運動に、長年にわたる経済学史研究をふまえ声援を送っていたわけである。

この著書を読んでお訪ねしたいと手紙でお願いしてみた。すぐ返信がきて、ケンブリッジの研究室でお会いした。いちどではすまず、三回にわたり実にていねいに応対していただいた。何かの著書の邦訳書の裏表紙であったか、なじみのある丸い眼鏡の穏やかな風貌で、いかにもイギリスのジェントルマンの伝統を実感させられた。経済学史にも関心をもってマルクス経済学を研究している私も、『価値と分配の理論』でスラッファによる客観価値論の現代的再興を評価している論旨にはまったく賛同している。しかし、『資本論』の価値論には、リカードやスラッファの理論とのちがいもあるのではないか。とくに商品経済やそれにもとづく資本主義経済の特殊な歴史性をあきらかにする理論としての側面が重要ではないか。という質問をいくつかの論点にわたりたずねていた。

ドッブは、スラッファによるリカード全集の編集にも協力し、両者は深い盟友関係にあった。それをふまえ、ドッブはつぎのような三点をあげていた。第一に、マルクスの経済学で重視する歴史的形態規定や労働者の搾取関係の歴史的特質は、スラッファでは与件とされ問題をせまく限定して扱っていることはスラッファ自身も意識していた。しかし、第二に、スラッファの主著の副題にあるように「経済理論の批判への序曲」をなしたことにその著作の大きな貢献がある。そこからマルクス経済学の理論研究が再燃することが期待できる。とくに、スラッファの標準商品（インプットとアウトプットとが同じ使用価値の構成となる商品群を理論的に抽象し、労賃の変化が相対価格に与える変化を消去しうる尺度とみなす）の規定は、価値の生産価格への転化論で、マルクスが注目していた中位的資本構成による商品にあたるものをより正確に確定した意義があるのではないか。第三に、イタリア共産党の創設に参加し委員長もつとめたA・グラムシが獄中で必要文献が読めるように、スラッファが支援し自分の銀行口座を自由に使わせ、グラムシの『グラムシ獄中ノート』（石堂清倫訳、三一書房、一九七八）をひそかに預かり保有し続けていたことはまだ公にはされていないが、大切に伝えおきたい。

とくにこの第三点は、今では周知のところとなっているが、当時は知られていなかったエピソードで、感銘をうけた。スラッファ理論は、ドッブが期待していたようにマルクス価値論の現代的再生に大きく貢献した。しかし他方で、スラッファ理論を適用して結合生産物がある場合に、その数だけ異なる生産技術が併存している想定をたてて、それぞれの生産物に投下されている労働量を価値実体として規定しようとするとマイナスの価値やマイナスの剰余価値が生じてしまう可能性もあるので、労働価値説は成り立たないのではないかとするI・スティードマン（1977）らの批判も生じた。それはおそらくスラッファの意図には反するスラッファ理論継承の方向ではなかろうか。

(3) 転形問題論争の意義と役割

ケンブリッジにはマルクス経済学のルネッサンス運動を若い世代で推進していた理論家としてB・ローソンもいた。オックスフォード大学でF・シートンのもとで育てられ、有望な数理経済学者としても期待されていた。最初にあったのはCSEの大会であったか。すぐに親しくなって、毎月のようにケンブリッジにたずねたり、いっしょにオックスフォードのA・グリンを訪ねたりしていた。明るい人柄で大学院生などにも人望があった。会うたびに興味ある理論的、現実的問題にただちにすっと入り込むのがつねで、それも魅力的つきあいかたである。

ローソンの執筆した論文「新古典派、新リカード主義、マルクス主義」(1974, ローソン『現代資本主義の論理』藤川昌弘他訳、新地書房、一九八三、所収)も明快なマルクス経済学のルネッサンス宣言をなしていた。

その論文によれば、新古典派経済学は、個人主義、主観主義、自然主義にたって、それぞれの研究者のイデオロギーや心情はともかく、理論体系としては、資本主義の調和性を強調し、既存の社会秩序を前提にした所得配分を是認し、せいぜいのところその再配分を主張せしめるにとどまる。それは社会的には反動的影響をもち、学問的には資本主義的生産様式についての豊かで科学的研究を阻害する機能を果たしている。新リカード学派は、主観的個人主義を排し、新古典派の集計生産関数にもとづく資本の限界生産性の理論に内在的な不整合があることを批判的にあきらかにした。とはいえ、新リカード派の均衡価格決定論も、需要と供給の変動が、その背後のより根本的な価値法則の貫徹過程において果たす役割をあきらかにしえなくなっている。マルクス経済学の特性は、均衡価格の決定論にかぎれば、ドッブもみとめているように、スラッファ理論につうずるところがあるが、むしろその背後に、労働力を商品として用いる資本の生産過程において、剰余価値の生産がおこなわれる仕組みをあきらかにし、資本を社会関係として解明する理論となっているところにある。

その論旨に賛同しつつ、さらにマルクス価値論をめぐる論争問題にとってのスラッファ理論の意義をどう思うかたずねてみた。ローソンはこれに応え、転形問題のひとつの解法として使えるのではあるが、その点ではスラッフィアンのいうほどユニークなものではなく、ボルトキエヴィッチいらいのさまざまな解法のひとつにとどまるのではないか、と述べていた。新リカード学派などのこれまでのさまざまな転形問題の数理的解法にたいし、マルクス価値論の体系的特性は、価値形態論を重視して、価値の形態とその背後の実態としての労働の社会的関係を明確にすることで理解しやすくなるのではないか。それが転形問題の意義を理論的にあきらかにするうえでも役立つのではないか、ともきいてみた。それに対しては、まだこちらではほとんど研究がないので、日本の宇野理論にもとづいてその可能性を内容的に展開してみてほしい、とすすめられた。

それに応じて、今世紀初頭にボルトキエヴィッチが提示し、P・スウィージー（1942, 都留重人訳『資本主義発展の理論』新評論、一九六七）がそれを継承して、マルクスの価値の生産価格への転形論について、費用価格の諸要素も生産価格化するとしたさいの生産価格の決定関係において、マルクスが主張していた総価値＝総価格、総剰余価値＝総利潤のいわゆる総計二命題が同時に成り立つかどうか。転形論争の経緯をふりかえりつつ、ハーバード大学に移ってからも検討を続けていた。

若手の助教授であった石川経夫さんがホスト役をひきうけてくれて、いっしょに『資本論』を読む大学院でのゼミも組織してくれた。予想をこえて三〇名近い参加者があって、毎週一回たのしみながら第一巻の終わりまでを読みとおした。石川さんはその後、まもなく新古典派の理論家として東京大学に迎えられたが、親交は続き、マルクス経済学に理解が深い頼れる同僚として期待していた。しかし一九九八年に五一歳で急逝された。それは日本の学界のためにも実に惜しまれるところで、マルクス学派にとっても大きな痛手と感じられた。

ハーバード大学にいるとニューヨークにも日帰りができる。そこにはアメリカでのマルクス経済学の拠点校のひとつニュースクール・フォー・ソシアルリサーチもあった。アンワール・シャイクはその若手教員で、拙稿「マルクス恐慌論の形成」を送るとすぐ電話があり、クリスマスイブの日にハーバード大学近くの下宿までドライブして訪ねてきて、ずいぶん長いこと話していった。恐慌論をじぶんもこういう方向で研究してみたいと思っていた。信用論を整理してくれたことはとくに参考になる。セミナーに来てほしいということで、それからつきあいが深まっていった。その晩から降雪しホワイトクリスマスになった。

そのとき彼がおいていった未発表の論文Marx's Theory of Value and the so-called 'Transformation Problem'（1976, 小倉利丸訳、伊藤誠・櫻井毅・山口重克編・監訳『欧米マルクス経済学の新展開』東洋経済新報社、一九七八、所収）も、私の考えていた方向に近接していた。価値、交換価値、および価格の区分と関連が重視されなければならない。生産価格が名目価格で表示されているかぎり各商品に対象化されている労働量としての価値と単位が違う。それらの総量が一致するといっても意味をなさない。価格をつうじて支配される労働量としての交換価値が実質価格として考察されるべきである。その観点でみなおすと、費用価格がその諸要素の価値で規定されているマルクスの生産価格論は第一次接近としてはそれでよい。得られた結果を費用価格の諸要素にあてはめて第二次接近としての生産価格をえて、さらにそれをくりかえすと、結局、総価値＝総生産価格を条件に、費用価格も生産価格化しているものとして連立方程式を解く結果に収斂するからである。この最後の転形手続きは、ほぼ同様の置塩信雄（『マルクス経済学』Ⅱ、一九八七、第4章）による論証とも一致する。

こうした論稿も検討しながら、宇野理論が重視してきた価値の形態としての価格とその背後の価値の実体をなす社会的労働量の区分と関連を、転形問題の解明に体系的に活用して、新たな解決が示せないか。下宿先から近い（ハーバード大学と連携している女子大）ラドクリフ大学図書館を日常的仕事場に使い、窓外の植え込みに厚く降り積もる雪景色を眺めつつ、論文A Study of Marx's Theory of Value（*Science and Society*, Fall 1976）を少しずつ書きすすめていた。

従来、マルクスによる価値の生産価格への転化論をめぐり、価値の実体と形態の次元（ないし単位）のちがいを明確にせずに、各生産部門で技術的関連にもとづき産出される価値とそれを構成する不変資本（c）、可変資本（v）、剰余価値（m）の価値関係を示す表Ⅰから、導かれる生産価格を示す表Ⅱの二つを比較して、各生産物についての価値に対する生産価格の比率（たとえば生産手段の価値cはそのx倍の生産価格、生活手段の価値vはそのy倍の生産価格となる）と一般的利潤率rとを未知数とみなし、二つの表の関係を示す投入と産出の連立方程式からそれらを決定する条件が転形問題の中心とみなされてきた。しかしこの二つの表の関係では、マルクスの想定していた総計一致二命題は同時にともに成立するのは、ごく特殊な条件を除くとありえない。もっとも、表Ⅰは生産された価値の実体としてのたとえば億時間単位での年間の社会全体での労働時間が単位となる関連を示し、表Ⅱはこれにもとづく価値の形態としての生産価格でその単位は億ドルであるとみなせば、それらのあいだに総計一致二命題が成立するかどうかはもともと問題とならない。両者は次元が異なり単位がちがうからである。しかし、表Ⅲとして、生産価格での売買をつうじ各部門が取得する価値の実体としての労働時間を追加的に考えればどうなるであろうか。表Ⅰと表Ⅲのあいだには、生産された価値の実体としての労働時間が、生産価格を介して、各部門の資本と労働者に取得される価値実体としての労働量として総額が一致し、産出された剰余価値の実体としての剰余労働の総量が平均利潤を介し配分される価値の実体に一致する。

これがマルクスの意図していた総計一致の二命題の内実であったのではなかろうか。それは生産価格の基礎となる費用価格が、各生産部門において年間に投入されたｃ＋ｖを労働実体として補填する機能を果たしているとマルクスが示唆していたこととあわせ、『資本論』の価値論の体系的展開が、非マルクス派から問題視されてきた中心的論点のひとつで根本的に妥当性を認めうることを示している。これが伊藤三表式といわれるようなった転形問題論争への私の貢献で、やがて『価値と資本の理論』（岩波書店、一九八一）でよりくわしく提示される。

現代世界は新自由主義のもとで、富と所得の経済格差が顕著に拡大し、階級社会としての資本主義の特性がグローバルにも各国内にも再強化されている。にもかかわらず、とくにわが国では新古典派経済学の支配的影響力が増大し続け、論壇においても資本主義の基本秩序に内包される労働者の階級的搾取、抑圧の深化、拡大に、根源的に批判的に対峙して、オルタナティブを広義の社会主義として求める論調が、あまりに乏しくなっていないか。

アメリカに学べといわれながら、アメリカの三九歳までの若者世代で社会主義に前向きな人々の割合が二〇二〇年一一月のギャラップ調査でも五〇％に達し、社会主義的政治変革を掲げるサンダース旋風を支えていた社会的熱気はあまり報道されない。英国、フランス、ギリシャ、スペインなどでも、若い世代が同様の社会運動をひきおこし始めている。欧米マルクス・ルネッサンスはいまなおこうした事象にひきつがれ、影響を拡大しているのである。日本にいつどのようにこうした社会運動が連動して連帯活動を波及させるか。グリーン・ニューディール（GND）を求める切実な期待もあわせ、日本の若者世代が未来への広い可能性をともに探ってゆけるよう、資本主義の原理と現状の検討作業を、世界的視野で続けてゆかなければならないと考えている。

6 恐慌論と現代資本主義の危機——A・グリン、D・ハーヴェイとの交流

（1）一九七三〜七五年のインフレ恐慌の意義――A・グリンとの協力

世界の大学ランキングで最近も一位を占め続けているのはオックスフォード大学である。欧米マルクス経済学の波はそこにも及んでいた。ほぼ同世代で、交流関係を維持しつつ世界的に指導的役割をマルクス経済学の領域においてそれぞれ担い続けてきた理論家、B・ローソン、A・グリン、D・ハーヴェイの三者がそこから巣立っている。そのなかで、グリンは出身のオックスフォード大学、トリニティ・カレッジにとどまり教職についていた。

一九七四年の春から半年ロンドンに滞在する間に、グリンとも親しくなった。発端は彼が、B・サトクリフと公刊していた共著 *British Capitalism, Workers and the Profit Squeeze*, 1972. であった。そこでは、戦後の高度成長の末に、先諸国をつうじやがて一九七三〜七五年のインフレ恐慌を生ずる資本主義の危機が、イギリスでも労働組合の交渉力の強化にともなう賃上げとそれによる利潤圧縮傾向として進展していることが、統計的検証作業をともないあきらかにされていた。その内容はやがて『賃上げと資本主義の危機』（平井規之訳、ダイヤモンド社、一九七五）として邦訳され、日本でもインフレ恐慌が賃金上昇によるコストアップにもとづくものとされる一典拠とされ、通貨・信用膨張にともなうディマンドプル説と対置され、その政治的含意をどうみるかとあわせ、論議され関心をひくことになる。

ロンドンでその原著を読んですぐグリンに、その分析をめぐって意見交換をしたいと手紙を書いた。宇野弘蔵『恐慌論』（一九五三）にもとづく拙著『信用と恐慌』（一九七三）に続き、英語での論稿「マルクス恐慌論の形成」（*Bulletin of the Conference of Socialist Economist*, IV-1,1975）をとりまとめながら、現代世界に進行中のインフレ恐慌の分析に、これをどのように考察基準として適用すべきかにも学問的興味を深めていたからである。さっそく返信が来て、よろこんで列車で出かけた。ロンドンから、オックスフォードも一時間余りで苦もなくゆける。ケンブリッジと異なり純粋な大学町ではない。工業地帯もあわせもつ都市ではあるが、中心部にみられる石造りの古い教会やカレッジの建物、その広い庭園などのたたずまいは、さすがに伝統を感じさせる重厚な美観をそなえている。観光客の姿も多い。

トリニティ・カレッジを訪ねて、おそらくは一四、五世紀からのものと思われる石造りのポーターロッジ（門番小屋）できくと、連絡は受けている、石畳の中庭をとおって、向こうの建物の一階の研究室で待っているとのことであった。イギリス風庭園に面した広い研究室で、グリンは学生に指導しているさなかだった。少し待ってといわれ、有名な伝統的オクスフォード・チュートリアル・システムによる指導をはじめて身近にみた。学生が一週間でテーマにそってまとめてきた論稿を音読させ、区切りごとにコメントを与えてゆく。これを毎週くりかえし積み重ねていって論文にしあげるのであろう。学生にとっても教師にとっても手間のかかる協同作業で、なかなかまねのできない教授法と印象に残っている。

サトクリフとの共著について、ほぼつぎの三つの感想をのべて、意見をきいた。

第一に、一九七〇年代初頭のイギリスにみられた経済的危機が、労働賃金の上昇にともなう利潤圧縮を重要な要因として進展していることは、その後一九七三年以降のインフレ恐慌の発現により経済危機が深化する日本をふくむ先諸国に共通の重要な問題を指摘するところと評価したい。だがそのさい賃上げ圧力は労働組合の交渉力の強化の結果とみるだけでは十分でない。むしろ戦後の先進諸国をつうずる継続的高成長の結果、産業的資本蓄積が先進諸国内部の（資本によっては生産しえない）労働力商品の供給余力の限界をこえた過剰蓄積を生じ、労働市場の逼迫をもたらしていたことにも由来しているのではないか。それは同時に、世界市場における原油やその他の一次産品の供給の弾力性をこえた先進諸国の産業的資本蓄積の過剰から、一次産品の需給もひっ迫して、原料、素材、エネルギー価格の上昇が、賃金上昇とあいまって利潤圧縮を深刻化していることにも通底していると思われる。

第二に、こうした当時の経済危機の深化は、『資本論』の恐慌論のなかから、宇野弘蔵の『恐慌論』が重視して古典的周期的恐慌の原理を完成する試みをすすめた基本的理論を現代世界のなかに現代的に特殊なインフレの悪性化の様相をともないつつ、再現していると読める。

その意味でこの危機の分析は、『資本論』の恐慌論における資本主義の原理的運動法則の解明を現代世界に適用する現実的可能性を示しているのではないか。

第三に、この七〇年代初頭の危機が、一九世紀中ごろの古典的周期的恐慌と異なり、インフレの悪性化による経済危機として発現したのは、ブレトン・ウッズ国際通貨体制のゆきづまりと崩壊による固定為替相場制から変動相場制への移行過程で各国の通貨・信用の膨張が進展していたことによる。その側面から、日本のマルクス派のなかでもケインズ主義的インフレ政策のゆきすぎからディマンドプル的インフレの悪性化が生じたとする分析もみられる。しかし、その分析も労働力と一次産品との需給逼迫によるコスト上昇を根底において理解されなければならないのではないか。

左からアンドリュー・グリン氏、ボブ・ローソン氏、著者。
1970年代後半か1980年代前半頃に撮影。

グリンは、こうしたコメントのすべてにすぐ賛成したわけではなかった。しかし、興味はもってくれて、執筆していた拙稿「マルクス恐慌論の形成」をとりあげてセミナーを企画してくれた。そのセミナーなどでオックスフォードの研究者仲間のサトクリフ、J・ハリソン、P・アームストロングらとも親しくなった。ときにはケンブリッジからB・ローソンも参加し、オックスフォードでの研究会はたのしく続けられた。

オックスフォードには統計研究所もあって、グリンはそこも日常的仕事場とし、主要諸国の資本蓄積、その利潤動向、国家財政の動態などを収集し分析して、やがてアームストロング、ハリソンとの共著 *Capitalism since 1945*（1991）をしあげる。それは統計データを的確に駆使した戦後の先進七カ国の資本主義の体系的分析で、邦訳しておきたかった名著と思っている。七カ国にはむろん日本も入っており、そのための資料収集と分析のために一九八五年であったか、東京大学にも客員教授で滞在し講義もしている。逆に八七年には私も客員研究員として彼のカレッジに招かれ、四カ月ほど滞在し、拙著 *The World Economic Crisis and Japanese Capitalism*（1990）の原稿を書きすすめ、統計資料とその利用法などについても相談にのってもらっていた。その過程で、ローソンとグリンとには、宇野理論の三段階論の方法や恐慌論とその現代世界への適用の意義についてもかなり理解してもらえたと思っている。その結果、一九九一年のグリンの共著では、一九七三〜七五年のインフレ恐慌の分析は、拙著での考察にごく近いものとなっていた。

（2）D・ハーヴェイとの対話――インフレ恐慌からサブプライム恐慌へ

D・ハーヴェイは、ローソンやグリンよりやや年上の一九三五年生まれで、オックスフォード大学で学んだ後にケンブリッジ大学で地理学を専攻し、一九六九年にアメリカのジョーンズ・ホプキンス大学に招かれた。アメリカや世界の深刻な社会問題の体系的な理解のために、地理学をマルクス学派の観点から革新する試みを提示し、ラディカル派地政学の研究を開拓し、欧米マルクス・ルネッサンスに重要な一翼を加えた。たとえば、*The Limits to Capital*（1982, 松石勝彦・水岡不二雄訳『空間編成の経済理論』大明堂、一九八九）や *The Urbanization of Capital*（1985, 水岡不二雄監訳『都市の資本論――都市空間形成の歴史と理論』青木書店、一九九一）などの著書が関心を集めていた。

一九九〇年代の後半のドイツであったか、グローバリゼーションの政治経済学をテーマとする国際学会のおりに、現代資本主義の問題として各国の状況を比較して報告しあい議論しているなかで、彼が発言を求めみな期待していたところ、われわれがいま論議している資本のグローバリゼーションとその作用は、『共産党宣言』で最初に明確に指摘されたところだと思う、と簡潔に述べてすぐ着席した。そういわれるとまさにそのとおりで、資本の「文明化作用」やそれによって世界文学が形成されたとの『宣言』での指摘も想起され、なぜその傾向が新自由主義の時代に再強化されたかという問題も含意されているようで、ハーヴェイの発言は鮮明に印象に残っている。そこには、世界の「今日の状況はかつてないほどにマルクスの描写した様相に近いものとなっている」（『資本の〈謎〉』2010, 森田成也他訳、作品社、二〇一二、六九ページ、以下この著書からの引用は邦訳書のページのみをあげる）という認識もこめられていた。それは、拙著『逆流する資本主義』（一九九〇）での見解にもごく近い。

これに続き、ハーヴェイの『新自由主義』（2005, 渡辺治監訳、作品社、二〇〇七）、『資本の〈謎〉』、『〈資本論〉入門』（2010, 森田成也・中村好孝訳、作品社、二〇一一）など一連の著作は、『資本論』の経済学にもとづく現代世界の政策、経済動態に明快で歯切れのよい考察を展開し、世界的にも日本でも多くのファンをえている。

とくに『資本の〈謎〉』は、『資本論』の多様な恐慌論を活かして、現代世界に生じている経済危機の解明をすすめ、あわせてその克服への方途を再考した魅力的作品となっている。

ハーヴェイによれば、『資本論』の恐慌論には、資本蓄積にともなう労賃の上昇、あるいは資本構成の高度化による利潤率の低落を恐慌発生の基本原因とみなす類型と、労働者の消費制限による消費需要の不足、あるいは産業部門間の不均衡による商品の過剰化を恐慌発生の原因とする類型が併存している。従来、マルクス理論家の多くはそのいずれかひとつを重視して、恐慌現象を解明しようと試みてきた。しかし、「はるかに良い考え方がある。すなわち、資本流通の分析はいくつもの潜在的な限界と制限を指し示しており、それらがいずれも恐慌の可能性をつくり出すという考え方である」（二四九ページ）。たとえば貨幣資本の不足、労働問題、部門間の不比例、自然的限界、有効需要の不足などが潜在的制限とみなされる。それは、『資本論』にみられる多様な恐慌論を、潜在的可能性の束としての多原因的分析への道具箱のようにすべて保持して、史実としての現実の恐慌の解明に役立てようとする接近方法をすすめるものといえよう。

こうした観点から、『〈資本論〉入門』（2010）のなかで、「二〇〇八年の恐慌を利潤圧縮説で解釈することは、遠回しな言い方を除いては（そして、伊藤誠の場合のようにこの理論のある種のバージョンは実際にそうしているのだが）、難しい」（邦訳書、四七一ページ）とも述べている。一九七〇年代のインフレ恐慌は、利潤圧縮説で解明できるが、二〇〇八年のサブプライム恐慌はむしろ労働者消費制限による有効需要不足が重要な契機をなしていた、とみているのである。

これにたいし、拙稿 Political Economy for Social Democracy and Socialism - Following up Issues Raised by David Harvey（*World Review of Political Economy*, 4-4, 2013）において、ほぼつぎのような論評を加えておいた。

すなわち、『資本論』の恐慌論にもとづき現代世界の経済危機の解明をすすめる試みは評価したい。しかし、そのさい『資本論』に残されている多様な恐慌論を多原因説的に併存させておくのでは、マルクスが意図していた古典的周期的恐慌の原理的法則性の解明が十分完成されないままとなる。宇野『恐慌論』にしたがい、『資本論』を経済学の原理論として完成する試みとして、むしろ労賃上昇説的資本過剰論を基本として、資本主義に内在する矛盾の根源としての労働力の商品化の無理の発現として、資本の競争を媒介する信用制度の作用とあわせて、恐慌の必然性をあきらかにし、これを考察基準として研究次元の異なる現状分析として現代世界の多様な危機の具体的解明をすすめる方法をわれわれとしては大切にしている。

そのさい、一九七〇年代初頭のインフレ恐慌は、その発現の様相が古典的恐慌とは異なりはするが、ハーヴェイも認めているように、労働力商品の供給制約に対する資本蓄積の過剰にともなう労賃上昇による利潤圧縮にもとづいて生じていた。これにたいし、二〇〇八年にかけてのサブプライム恐慌は同様の利潤圧縮によるものとはみなしがたい、というハーヴェイの指摘にも異論はない。しかし、多原因説的にそれらを対比するだけでは十分ではない。サブプライム恐慌は労賃の抑制による過少消費によるとも単純化できない。

むしろ七〇年代のインフレ恐慌後の資本主義の危機と再編が、長期不況の停滞化のなかで、不況局面に特徴的な労働力の遊休化を示す不安定な非正規雇用の拡大、資本の生産設備能力の遊休化、資金としての遊休貨幣資本の過剰の三者の並存を長引かせ、そこに投機的なバブルの膨張とその崩壊の反復を生じ、その過程でとくにアメリカでの住宅ローンの大規模な投機的発展とその崩壊をサブプライム恐慌として生じた経緯と因果関係を歴史的な推移としてあきらかにしなければならない。その経緯は、労働力の商品化の無理が、現代的に労働力の金融化の無理をふくむ現代的な姿でバブル景気とその崩壊に中心的役割を担わされ、多くの働く人びとに過大なローンによるむしろ過大な消費支出の負担とその多年にわたる債務支払いの収奪的搾取を継続的に負わせる結果を残しているのではなかろうか。

こうした論評を交わして、おたがいの研究に関心をよせていながら、ハーヴェイと直接対話する機会はなかなかもてないでいた。その機会は二〇一六年に経済理論学会ラウトレッジ国際賞の受賞のために彼が来日したおりのパーティーでようやく実現した。そのおりに、若いころからオックスフォードでA・グリンとは親しくしてきたときいて、二〇〇八年に逝去したグリンをともに偲びつつ、それまで気づいていなかった交友関係の連なりをうれしく納得した。そのおりに手渡された著書 *Marx, Capital, and the Madness of Economic Reasons*（2018, 大屋定晴訳『経済的理性の狂気』作品社、二〇一九）に、手書きで In admiration for your most profound contributions と献辞を記してくれた。光栄とよろこびながら、そこにはさきの「遠回しの言い方」という論評とも重なる若干シニカルな（わかりにくいという）ニュアンスもあるかと読んだ。

(3) 何をなすべきか

欧米マルクス学派の理論家の多くに共有されている特徴のひとつは、政治経済学political economyとして発生し発展してきた経済学の伝統をうけつぐ、身についた実践性ではなかろうか。たんなるイデオロギーや政治思想とは異なる学問的に正確でだれにでも説得力のある論理や史実との整合性のある客観的認識を社会科学としての経済学において尊重しつつ、その理論や分析の政治的含意をつねに配慮し、意識しているところがある。基礎理論についての学問的論稿を欧米の学界で報告するおりにも、その政治経済的含意はなにか、という質問はつねにありうることと考えておかなければならない。

たとえばグリンにしても、客観的統計資料の収集と分析をつうじ先進諸国の戦後資本主義の動態の比較研究をすすめながら、同時にサッチャー政権による国営炭鉱民営化による炭鉱労働組合への解体攻撃に対抗する一九八四〜八五年の長期ストにさいしては、リーフレット*Economic Aspects of Coal Industry Dispute*(1984)を執筆公刊して、労働党内ミリタント派を理論的に代表してスト支援の論陣をはっていた。

そのような実践的志向性は、ハーヴェイにも共有されており、『資本の〈謎〉』の最終章「何をなすべきか? 誰がなすべきか?」にもみごとに発揮されている。この部分(もしくはそれによる講演）の草稿のファイルは、出版前から世界の研究者なかまのあいだにメールで広く流されて関心を集めていた。

というのは、つぎのような一連の諸問題が広範な人びとに訴えかける切実さを増しているからである。すなわち、新自由主義のもとでの資本主義の市場原理主義にもとづく発展が、サブプライム恐慌の災厄においてゆきづまりを示している事態のなかで、どのような代替路線に期待をよせることができるか。たとえば、政権交代後の米日民主党政権に多くの民衆が期待をかけ新たな環境政策や子育て支援をともなった社会民主主義や新たなケインズ主義への回帰が、二〇一〇年にかけてかなりの幅で経済成長率を回復させていたのに、期待を裏切りどうして定着せず、さらにより労働者階級よりの政策方針に変えられてゆけないのか。あるいはまた資本主義の枠組みを超えてゆく変革運動が、世界恐慌による経済生活の危機から、あらためてチャンスをむかえているはずなのに、社会主義や共産主義をめざす社会運動にも閉塞感が強いのはなぜか。資本主義を超えて歴史を前進させるべき社会運動にも主体の危機が生じているのではなかろうか。

「何をなすべきか?」。レーニンが一九〇二年に提起した問題が、ハーヴェイによって現代的にどう解読されるか。現代世界の政治経済の混迷の解読の鍵をマルクスの思想と理論にもとめる世界の批判的知性の多くが、いまそれぞれに緊急な問題として、本書のこの部分の展開に期待し惹きつけられたのは不思議ではない。

そのさい、ハーヴェイの若いころからのしごとにもつうずるところであるが、現代世界についての現実感覚にあふれた批判的分析の基本的視点のひとつが『共産党宣言』をわれわれの時代にどのように活かせるか、という発想にあることも注意されてよい。本書でも、資本主義を超える社会を、共産主義と規定し、そこから、社会主義は資本主義を前提に所得再配分により平等性をめざす社会民主主義をさす用語としている。それは『共産党宣言』による用語法であろう。

晩年になるとマルクスとエンゲルスも、ドイツ社会民主党を支援する観点からも、共産主義とごく近い意味でも社会主義という用語を使用しており、自らの立場を科学的社会主義とも述べていた。その意味で、本書の用語法とは異なり、平等主義を確実に実現するために、その基礎として生産諸手段の共有をめざす社会主義は、資本主義を前提とする社会民主主義と区別して理解することも十分可能であり、そのほうが一般的であろう。

もっともハーヴェイは、「共産主義」の理念を社会主義と区別して推奨しながら、この呼び名は不幸にしてあまりに重荷を背負った用語となっており、とくにアメリカでは、これを政治的言説に再導入することはさしあたり困難であるとして、「名称は重要ではない」とも述べ、そこで、われわれの期待する社会運動は、たんに反資本主義的運動と定義してもよい、とも主張している。

いずれにしても、ハーヴェイによれば、現代世界の状況は「かつてないほどにマルクスが描写した様相に近いものとなっている」。その重要な証左は、グローバル経済化の進展のなかで、富と所得が一部のブルジョアジーに集中し、社会的格差と階級的不平等が拡大する傾向に示されている。国連の統計数値などもこれを裏付けている。こうした富と所得の不平等の拡大は、日本でもこの間、顕著な傾向となっているが、有効需要の回復をさまたげ、不安定な投機的バブルとその崩壊による恐慌の災厄を生じやすくしている。しかも恐慌の進行過程で、公的資金による銀行や企業の救済措置をも介し富と所得の不平等はさらに再拡大され続けている。まさに『共産党宣言』の基本認識の現代的貫徹を思わせるところである。

このような不公平で不安定な資本主義の発展は、「世界のいたるところに反資本主義的運動を生み出してきた」（二八一ページ）。ソ連崩壊後にオルタ・グローバリゼーション運動が宣言したように「もう一つの世界は可能だ」という感覚は存在している。しかし、「中心的となる問題は、全体として、資本家階級の再生産とその権力の永続化に世界的規模で的確に挑戦しうるような、堅固で十分統一された反資本主義的運動が存在しないことである」。資本主義エリートたちの法外な貨幣権力と軍事力を抑制するための明白な方法もまだ見出されていない。ここには「二重の閉塞が存在する」。すなわち、人びとを鼓舞するような構想なしには、本格的な反資本主義運動は出現しえないであろうが、逆にまた、そのような運動の不在がオルタナティブの明確化を排除しているのである（二八二ページ）。

そのような閉塞状況から抜け出してゆくためには、たとえば社会諸運動をつうずる共通の目標に関し、おおまかな同意が必要となる。そこには、たとえば、自然の尊重、ラディカルな平等主義、共同利益の感覚にもとづく社会的諸制度、生産手段の共同所有の発想、民主的行政手続き、直接生産者の組織する労働過程、新しい社会関係と生活様式の自由な探究、などがふくまれるであろう。

こうした目標に向けて、資本の「共－進化」の活動に対抗する人びとの協力と連帯の「共－革命運動」にとって、現在生じつつあるマルクス主義と無政府主義との（マルクスとバクーニンとの対立以降の伝統をのり越える）収斂傾向も重視したいところである（二八〇ページ）。また、反資本主義運動の担い手としても、伝統的左派が依拠してきた職場での労働者階級の組織運動にとどまらず、その外での地域社会での階級意識の形成、農民運動との同盟、さらに広く都市開発や信用制度のもとで、住まいや職場や所得を奪われ剥奪された人びとの反抗や生活権の要求などにも可能性が求められてよい。労働組合とともに協同組合、ワーカーズ・コレクティブ、NPO、NGOなどとの協力も必要とされる。

こうして「何をなすべきで、なぜなすべきなのかに関する構想と、それをなすための、特定の場所を越えた政治運動の形成、この両者の関係を一個の螺旋に転化させなければならない。どちらにおいても、なんらかのことが現実に行われるならば、他方が強化されるだろう」（二八三ページ）。

ニューヨークで始まりアメリカ各地にも伝播した若者たちの格差拡大反対、ウォール・ストリートの金融街への富と所得の集中とその公的救済や支援政策反対の連続的なデモと街頭占拠運動は、こうした本書の訴えに呼応して展開されているかにみえた。そこには「われわれは九九％だ」というプラカードが掲げられ、まさに都市の不安定な「プレカリアート」が、自生的に連帯して新たな社会運動の姿を形成しつつあるとも期待される。本書のいうアナーキズムとマルクス主義の収斂の可能性も実感させられる。そこから共和党でも民主党でもない第三の大統領候補をみどりや公正（justice）の実現をかかげて擁立しようとする試みや、社会主義政治変革を訴えるサンダース民主党大統領候補への若者世代の支援の旋風も触発され、それらがバイデン政権成立への一要因ともなってきている。

イギリスでも新自由主義に譲歩してきた労働党の中道路線がゆきづまり、社会主義再生をかかげるJ・コービンを党首におしだした若者世代の活力に注目が集められ、ギリシャ、スペイン、フランス、ドイツなどでも新たな左派政治運動の台頭の気運が高まりつつある。

そのさい、ハーヴェイの見解を多少補強していえば、「共‐革命運動」としての反資本主義、ないし社会主義（あるいは共産主義）の再生・発展のためにも、新自由主義に対峙・対抗する見地からも、ケインズ主義的社会民主主義の政策路線やその再生の運動を、「修正主義」として敵視し排除するのではなく、少なくともあるところまではそれを求める政治勢力と協力し連帯する戦略方針が、とくに野党共闘の重要性が増している日本や、その他の多くの先進諸国においては適合性が高いのではなかろうか。

それとともに二一世紀型の社会民主主義と社会主義は、二〇世紀まで国家主義的なそれらの理念や運動をのりこえて、より自発的で自立的労働者組合運動の再生をめざすとともに、新たに①脱原発をふくむ地球温暖化対策としてのグリーンリカバリーの戦略方針、②それにそったコミュニティ（地域社会）での同権的な連帯・協力による地産地消の経済活動の再活性化、③その一方策としての相互扶助システムとしての労働証券的地域通貨や地域社会に根差した各種協同組合活動の拡充、④公正・公平な経済的民主主義の安定した基礎を相互に確保するベーシックインカム構想の可能性、などに広く配慮と関心を集めてゆくことが望ましい。それらが、ハーヴェイのいう二重の閉塞からの反資本主義運動の螺旋的反転攻勢再生への、とくにグラスルーツからの重要な推進契機となる可能性に注目してゆきたいと考えている。

7　ソ連型社会主義の危機と崩壊——P・スウィージーとW・ブルスらに寄せて

（1）社会主義化するアメリカの知的源流

新自由主義的資本主義がゆきづまり転換をせまられている。市場原理主義のもとで格差と貧困が深刻化し、地球温暖化などの自然環境の荒廃もいまや放置できない。それは資本主義を社会的に統御し、さらにのりこえる社会主義を再評価することにならないか。

二つの選択肢が浮上している。ひとつは、岸田文雄「私が目指す『新しい資本主義』のグランドデザイン」（『文藝春秋』二〇二二年二月）に典型的にみられるように、新自由主義のもたらした問題点は認めつつ、資本主義の枠内で「モノから人へ」人本主義の復権を図ろうとする構想である。しかし、資本主義企業中心の非正規社会の経済生活の不安は、岸田政権のもとで実際にはわずかな税制改正で賃上げを要請しても改善されるかどうか。人的資本への投資をすすめる発想は、人をあくまで企業に役立つモノ（商品）としてあつかう狭さをまぬがれない。同時に社会主義を標榜する諸国を敵視する新たな冷戦をあおり、防衛費の対GDP比一パーセントの従来のシーリングを突破し、さらにこれを増額しつつ、九条改憲への準備を加速しようとする新政権の姿勢も危惧される。民主的で平和な人本主義とはほど遠い社会となり、いのちの安全保障も危うい社会になりかねない。

もうひとつの選択肢は、新自由主義のゆきづまりは資本主義そのものの限界を露呈しているとみて、むしろ社会主義にむけて、その克服の方途がより広く構想されなければならないとする方向である。アメリカに協調し学べとする風潮が強い日本の政財界やそれに追随しがちなマスメディアで、なぜかほとんど無視されてきているが、アメリカの三九歳までの若者世代では社会主義に肯定的な割合がすでに五〇％に達している。瀬能繁『「社会主義化」するアメリカ』（日本経済新聞社出版、二〇二二）が、その実態をかなりよく伝えている。社会主義政治変革をかかげたB・サンダース民主党大統領候補を支援する旋風のような若者世代の支持が、その一翼にニューヨークでの下院議員選挙でも、若いヒスパニック系の女性労働者アレクサンドリア・オカシオ＝コルテス（AOC）を新人候補者とし、草の根的選挙運動をもりあげて、共和党の大物候補を破り、全く予想外の当選をかちとる経緯などもこころにひびく。バイデン政権成立にも、こうした若者世代の社会運動にもとづく選挙協力が不可欠であった。

むろん、サンダース派のめざす社会主義政治変革も、当面はグリーン・ニューディール、公平・平等な健康保険制度、大学などの教育費の私的負担の公費による軽減、無償化など、資本主義のもとでの社会民主主義を拡充しようとする広義の社会主義を意図している。しかし、岸田構想では、あえて触れていない法人税や富裕層への相続税や資産課税、所得税の累進税額の引き上げなども、分配の平等化を図るうえで、社会主義的観点から福祉拡充の財源として選択肢にあげられている。その延長上に、ポスト・ケインズ派のＭＭＴ（現代貨幣理論）にもとづく中央銀行の国債購入を大幅に組み込んだ財政・金融操作の可能性にも期待している。もっともＭＭＴによる方策は、国債累積額があまりに過大となっている日本には、過去の実績からみてもそのまま推奨しがたいところがある。

いずれにせよ、こうした社会主義化するアメリカの若者世代の進歩的な社会的関心と運動の広がりに、資本主義のもたらした人間と自然の荒廃に直面し、それらの克服をめざす社会への発展に寄与したいとする夢と活力が民主的に結集されつつある。そこに欧米マルクス・ルネッサンスからはじまる政治経済学再興の学問的連帯活動が直接間接に活かされていることは疑いない。広義の社会主義としての社会民主主義の拡充をステップとして、さらに生産諸手段を公有化することで、労働力の商品化の無理をのりこえる、本来の狭義の社会主義への発展の可能性もあらためてひらかれてゆく公算が高い。

その意味でアメリカマルクス学派の実践的関心や理論と現状分析にわたる活力も、社会主義化するアメリカのなかで意義を高めつつある。アメリカに学べとしながら、日本の多くの大学の経済学部などの人事が、その側面をみないで、政治経済学を排除する傾向を強めているのは、学問的競争力の国際比較の面からも理解に苦しむ。政財界やメディアが社会主義化するアメリカを無視していることに学界も影響されすぎていないか。

もっともかつては冷戦期に入るとともに、アメリカではマッカーシズムによる社会主義の弾圧が深刻な影響をおよぼし、一九六〇年代にかけてマルクス経済学は大学のなかにほとんどみられない冬の時代が続いていた。ハーバート大学でシュンペーターに新古典派理論の分野でも嘱望されていた若手の経済学部助教授として、マルクス経済学の講義を担当し教科書に名著『資本主義発展の理論』(1942)を執筆していたP・スウィージーも一九四六年にテニュアをえられず大学を去った。その後、ニューヨークで出版社マンスリーレビューをたちあげ、同名の月刊誌を他の出版物とともに刊行し続け、L・ヒューバーマン、H・マグドフ、H・ブレイヴァマンらのマルクス理論家をその出版社に集めて、『資本論』による現代世界の解明の試みを発信し続けた。

スウィージーの学問的に質の高い論稿や著書は、日本でも世界でも多くの読者をえて読まれ続けていた。とくにP・バランとの共著『独占資本』(1966)は、独占的企業の抱え込む過剰生産能力と経済余剰のはけ口として、むだの多い販売努力や市民的および軍事的政府支出の増大が、雇用水準を維持し、先進諸国の労働者を革命的行動から遠ざける傾向があると分析し、事実上、ケインズ主義的政策効果がむだな販売費や軍事費で先進諸国に定着したと主張していた。その含意は、高度成長期のなかで、革命的行動はむしろ南の途上諸国の労働者に期待されるとする展望にあった。これに呼応してS・アミン、A・G・フランク、A・エマニュエルらの従属学派が途上諸国の低開発性からの脱却の道を社会主義革命に期待する分析を示していた。

そのようなスウィージーの在野でのマルクス理論家としての学問的営為の継続がやがてマルクス・ルネッサンスを導き、社会主義化するアメリカの若者たちにもつらなる重要な知的源流をなしていた。それはいま冬の時代を予感させる日本のマルクス学派にも記憶されてよいところかと思われる。

(2) ソ連型社会崩壊の歴史的意義

その多くの著書に学ぶところが多かったスウィージーにはじめて会ったのは、一九七四年の一二月であった。その年の秋から半年客員研究員として滞在していたハーバード大学経済学部に、スウィージーがかつての同僚ガルブレイス教授に招かれセミナーに訪れたおりのことである。大きな会議室が満席になり、床にも学生、院生がすわりこんでいた。ひさしぶりに母校を訪ねなつかしい。アメリカはいまやシュンペーターのいう長期波動の下降局面にあたる長期不況に入り込みつつあり、J・シュタインドル『アメリカ資本主義の成熟と停滞』(一九六二)のような独占に停滞化傾向の分析がかえりみられてよい。といった内容の充実した講義に学生たちも熱心に耳を傾け質疑も活発で、よいセミナーになった。そのあとに、石川経夫さんと一緒に院生を集めて『資本論』を読んでいることも伝えて、よろこんでもらった。

翌年の一月初旬にはニューヨークのマンスリーレビュー社に招かれ、マグドフやブレイヴァマンにも引き合わせてもらい、昼食をふくんだ若手研究者との会合で日本におけるマルクス経済学の発達と現状を話してほしいといわれた。そのおりに話したことをもとに、拙著 *Value and Crisis*（1980）の第1章 The Development of Marxian Economics in Japan が書けた。同時にその拙著もその拡大再版（2021）もマンスリーレビュー社にお願いした。

ポール・スウィージー氏と。1980年代撮影。

ニューヨークを訪れるたびにスウィージーに会うのがたのしみとなっていた。『資本論』にもとづく現代世界の現状の批判的考察に主要な関心を向けながら、その核心的問題にせまる理論的基礎をたえず考え続け、アメリカの良心と良識を代表するようなマルクス理論家の魅力と輝きが感じられたからである。

一九七〇年代にはじまる現代世界の大規模な政治経済的危機の深化は、アメリカを中心とする資本主義諸国に多大な影響を長期にわたりおよぼし、とくに新自由主義のもとで大多数の労働者にきびしい不安定な雇用関係をひろげてきた。にもかかわらず、ソ連に代表されていた社会主義諸国に、それに代わる進歩への威信増大のチャンスが訪れることにはならなかった。むしろソ連型社会にも、経済的成長の著しい「摩滅」、停滞が生じ、情報通信技術を組み込んだ生活機器の普及にも遅れがめだち、ソ連から東欧圏に広がる集権的支配抑圧関係に反発する労働者の民主化運動も支持を増して、既存の体制に危機と動揺が生じていた。その結果、やがて東欧革命(一九八九)とソ連解体(一九九一)によりソ連圏が崩壊するにいたる。そうしたソ連型社会主義世界の危機と崩壊をどう理解すべきか。

こうしたソ連型社会のゆきづまりと崩壊は、社会主義の失敗を意味するのであろうか。この問題をめぐり、世界の左派のあいだにも動揺が広がり見解がわかれていた。

そのひとつの見解によれば、ソ連型社会は社会主義とは関係のない階級社会となっていた。たとえば一九六〇年代以降の中ソ対立から文化大革命にかけての中国からは、ソビエト社会が資本主義に修正主義的に逆転したと指弾されていた。C・ベトレーム『ソ連の階級闘争 1917-1923』(高橋武智他訳、第三書館、一九八七)もこれを史実にそくし支持していた。日本でもその後大谷禎之介・大西広・山口正之編『ソ連の「社会主義」とは何だったのか』(大月書店、一九九六)などで、ソ連社会は国家資本主義となっていたとする見解が有力視されている。こうした見解によれば、ソ連崩壊は社会主義の失敗とはならない。

他方、右派がこぞって強調し、左派のなかでの多くの人びともそう信じていたように、ソ連型社会はみずからもそう称していたように社会主義社会であったとする見地も広く存在していた。しかし、そうなるとその社会の崩壊は、マルクスによる社会主義の失敗を意味することになる。実際、ソ連崩壊をそのように理解し、マルクスや社会主義から離れる傾向をたどった理論家や社会活動家も少なくない。とくに日本では論壇でも社会運動のなかでも社会主義が話題とされにくくなった。そのことはマルクス学派にも影響している。

スウィージーは、これら二つの見解に批判的に対峙し、ベトレームと論争を交わしつつ、みずからのかつての名著『社会主義』（野々村一雄訳、岩波書店、一九五一）でのソ連社会に肯定的見地に大幅な改定を加え、新たな第三の見解を提示する。すなわち、社会主義革命を達成した後に、ソ連社会における党・国家の特権的官僚層が、その地位を教育・昇進制度をつうじ、世襲的に確保し再生産する支配階級に転化し、新たな階級社会を形成したとする、『革命後の社会』（伊藤誠訳、ＴＢＳブリタニカ、一九八〇）論である。本書の結論にあたる第10章は、一九七九年に法政大学一〇〇周年記念に招かれて来日したおりの講演に用意され、その内容は東京大学でのセミナーでも提示された。

そこには、ブルジョア社会としての資本主義をもって、「人類前史」としての階級社会の歴史は終わりを告げるとするマルクスの唯物史観の定式に改訂を求め、支配階級の基礎が生産諸手段の領有関係にあるとする従来の理解にも反するところがあって、ただちに同意しかねる感もあった。そのことは訳者解説にも記しておいた。著者もさらに多くの批判や検証を要することは認めているが、それもふくめ、いかにも理論家としての誠実な学問的問題提起と思われた。その原稿にもとづき日本語訳が英語の原典より早く出版できたことも記憶に残る。

私自身としては、これらの諸見解は、スウィージーの新見解もふくめ、ソ連型社会の歴史的性質を、いわば原理的な基本や唯物史観にてらしやや性急に規定しようとし、社会主義をめざす革命後の社会のあり方にもいわば段階論や現状分析として、多様な政治経済体制の選択肢がありうる側面を弾力的に配慮する発想に欠けるところはなかったか、と考えている。その意味で、宇野理論の三段階論の方法は、社会主義の発展にも参照基準として役立つところがありはしないか。ソ連社会が二〇世紀型社会主義の典型として、きびしい大戦間期の大恐慌とブロック経済化、第二次世界大戦の試練、戦後の冷戦の負担のなかで、ファシズムやケインズ主義に対抗しつつ、雇用の保障、女性の職場拡大、育児、教育などの公的サービスの普及などでの社会主義的成果をあげソ連を世界第二の経済強国にした成果もみとめられてよいのではないか。しかし他面で、その集権的計画経済の体制が、国家主義的専制と官僚主義の肥大化する傾向をともない、その既得権益が、東欧改革派やゴルバチョフの民主化と分権的市場社会主義への体制改革に重大な障害となった経緯も段階論的考察次元では無視できない。これに対比すると中国の鄧小平以降の社会主義市場経済への改革開放は、スウィージーも魅力を感じていた毛沢東の文化大革命による官僚支配の批判的打破を重要な前提として実現されえたので、実は毛沢東と鄧小平との連携による変革であったともいえる。

『革命後の社会』の日本語再版（社会評論社、一九九〇）に加えられた補章「ペレストロイカと社会主義の未来」では、むしろこうした現状分析的観点から、ソ連型計画経済の成長の停滞化による危機の深化の要因として、多年にわたる経済成長の結果、動員可能な労働力の枯渇と、原油などの資源の供給余力の限界があらためて指摘されているのも注目に値する。それは、一九七〇年代初頭の先進諸国に高度成長を終焉させたのと同型の経済危機が、ソ連圏にも少し遅れて深刻化したことを示している。その面では宇野恐慌論が『資本論』から純化した労働力にたいする蓄積の過剰化にもとづく経済恐慌発生の論理が、現代世界の資本主義圏にも社会主義圏にもほぼ同時に生じた社会経済的危機の分析基準として、それぞれに異なる歴史的文脈のもとで参照基準とされてよいことも示唆されていた。

（3）多様な社会主義の選択肢

『資本論』の経済学は、もともと商品経済にもとづく資本主義経済の生成発展のしくみとその運動を、それらに特有な歴史性とあわせて理論的に解明することを課題としていた。マルクスは、それによって資本主義をこえる社会主義ないし共産主義の実現可能性が学問的にあきらかにされるとみなしていた。その意味でマルクスによる社会主義は社会科学としての経済学に基礎をおく科学的社会主義といえる。人類史を未来の無階級社会への展望とともに総括する唯物史観も資本主義の経済機構の経済学的解明により学問的論拠を与えられるとみてよい。ほぼこうした発想から、マルクスは、先行のユートピア社会主義者の多くと異なり、未来の社会主義社会の青写真を描こうとしなかった。

宇野弘蔵も『資本論』の経済学を社会科学としての経済学の原理論として純化完成するとともに、そこでは扱われない国家の経済政策やその基礎となる主要産業と支配的資本の蓄積様式の変化をふくめた資本主義の世界史的発展段階論と、さらに第一次世界大戦以降の世界経済や各国資本主義の現状分析に、『資本論』にもとづく経済学の体系を方法論的に三段階に区分して再整理する試みをすすめながら、それによって社会主義の運動や実践に学問的論拠が与えられ、誤りが少なくなることを期待していた。その観点から、スターリン『ソ同盟における社会主義の経済的諸問題』（飯田貫一訳、国民文庫、一九五三）が経済法則を自然科学の法則と同様に社会主義建設に利用しうるとしていたのを疑問とし、社会主義はむしろ資本主義のもとでの経済法則を止揚して、労働力の商品化を廃止することをめざすはずではないかと、スターリン批判にさきだち批判を加えていた（宇野弘蔵「経済法則と社会主義」、『思想』一九五三年一〇月号）。とはいえ、宇野もその後継者たちも社会主義諸国の危機や変革運動さらにはその理論的基礎などの考察をすすめることには慎重で、むしろそれは歴史学や社会統計学ないし技術的な計画理論などとあわせ、エンゲルスのいう広義の経済学の課題となっても、本来の『資本論』による経済学の課題とはならないと考えがちであった。

その影響もあって、『革命後の社会』の出版に協力し、邦訳をすすめながら、社会主義の理論と現実にみずから研究をすすめるつもりはほとんどなかった。しかし、一九八〇年代の初めごろであったか、オックスフォードでA・グリンと会って、これから何を研究するか迷っていると話したところ、即座に社会主義をテーマにするよう強くすすめられた。ロシア語も読めないし、準備もないと抵抗したが、なぜかお前ならできると、挑発された。イギリスの知識人には、そうした教育者的性向があるのかもしれない。多分その教育者的配慮か、そのしばらく後に招いてくれたオックスフォードでの私のセミナーに、W・ブルスを誘ってくれた。

ブルスは、一九二一年生まれで、ポーランドにおける一九五六〜五七年の経済改革に、市場社会主義の理論家O・ランゲと協働し、その後政治的に抑圧され一九七一年にオックスフォードに亡命していた。著書『社会主義経済の機能モデル』（1961, 鶴岡重成訳、合同出版、一九七一）などで、マクロ的な中央計画と、労働者自主管理にもとづく国営企業の市場に規制された自立的活動とを組み合わせた市場社会主義を主張し、東欧改革運動に理論的指針を与えていた。

理論家肌の落ち着いた人柄で、日本の宇野理論では、社会科学としての『資本論』にもとづく経済学の客観的認識と、社会主義イデオロギーやそれをふくむ唯物史観とは峻別したうえで、その関係を考えるようにしているという、私の解説について質問してくれた。唯物史観はイデオロギーといえるか、というのがその要点であった。たしかに指摘されてみると、唯物史観は社会主義イデオロギーとただちに同じとはいえないし、『資本論』やそれにもとづく社会科学としての経済学との三者の関連にも、さらに考えるべき問題はあるのかもしれない。いまでもときおり考えている。

いずれにせよ、こうした学問的刺激も受けて、『資本論』の経済学にもとづきソ連型社会主義の危機の深化とその体制変革への論議の意義をどのように理解しうるか、検討してみたいと思うようになった。いいだももに誘われて『季刊クライシス』編集の同人となっていた仲間の寺田五郎は在野の優れた社会主義思想家で、江戸時代の共産主義者、安藤昌益全集の編纂などをすすめていたが、私に恵まれた図書館が使えるのだから、社会主義についての著作を最近のものまですべて集めて読んでみてほしいと、無茶な注文をする。できるだけのことはしてみようかという気になって、経済学部図書館〔編集注——現「経済学図書館」〕で書庫から社会主義関係の図書を研究室に積み上げて、はじから読んではノートしていた。

その過程でほとんど予想もしていなかった速さでソ連型社会の危機は深化し、ゴルバチョフのペレストロイカもゆきづまり、東欧革命（一九八九）とソ連解体（一九九一）を生じて崩壊する。その間に一九九〇年に東欧諸国を訪れる機会もえて、その見聞もふくめ、東欧とソ連邦諸国にそれぞれもたらされた資本主義への体制改革を、それに先立つ中国での社会主義市場経済への改革開放による改革とも対比しつつ、著書『現代の社会主義』（講談社学術文庫、一九九二）をとりまとめた。

そのさい、社会主義経済計算論争の経緯とその現代的再燃にも一章をさいて論及しておいた。この論争では、一方でオーストリア（限界効用）学派のハイエクとミーゼスが、生産手段の公有化による集権的計画経済では、各種生産手段の適切な価格決定とそれにもとづく選択可能な生産方法のあいだの合理的経済計算の比較が不可能だから、社会主義は早晩挫折すると批判していた。他方でこの批判に反対し、中央当局が需給を勘案して提示する生産諸手段の価格表にたいする公的諸企業の実際の対応をみて、価格表の訂正を試行錯誤的におこなえば、生産手段の過不足は解消され、適切な価格が経済計算の基礎として決定できるとランゲらがローザンヌ（一般均衡）学派的な価格理論によりつつ、市場社会主義を想定し社会主義を擁護していた。この論争は新古典派価格理論も社会主義擁護にも役立てられうることも示していた。かつてはドッブもスウィージーもランゲらの立論を支持してソ連型社会主義の合理的成立可能性が理解できるとしていた。しかし、マルクス価値論の成否をめぐる価値論論争ないし転形問題論争と、この社会主義経済計算論争との関係には、まだ理論的に立ち入って考えるべき諸論点が残されていたのではないか、とも思われる。

この社会主義経済計算論争に立ち入って検討をすすめるべきか否か、迷いもあって、置塩信雄の助言もきいて、それにしたがったのだが、この論争にはたしかに現代的な意味もあり、同時に、ランゲやブルスによる東欧改革派のソ連型社会主義計画経済に対する市場社会主義論の論拠を確かめることともなった。その過程で現代オーストリア学派の理論家のひとりとしてこの論争を再燃させたD・ラヴォア『社会主義経済計算論争再考』(1985, 吉田靖彦訳、青山社、一九九九)が「序言」のなかで、ニューヨーク大学大学院での私のセミナーでのマルクス学派の学問的接近に影響をうけたと謝辞を述べていることもうれしく発見したりした。

中国の社会主義市場経済建設への体制改革は、ソ連型社会主義の崩壊に対峙し、理論的にランゲいらいの市場社会主義論の展開と中国に独自な社会主義建設路線との関連をあきらかにしてはいない。その理由のひとつに、従来の市場社会主義論の多くが一般均衡学派的価格理論に依拠していたことに、マルクス派として同調できないところがあったのではないかとも思われる。欧米マルクス学派のなかでも、たとえばJ・ローマー『これからの社会主義』(伊藤誠訳、青木書店、一九九七)が、従来の多様な市場社会主義論の発展を五段階に分けて整理しつつ、第五段階として株式市場のしくみも組み込んだ市場社会主義の構想を示しているが、そのさいアナレティカル・マルクス派の見地により唯物史観には依拠しつつ、マルクス価値論にはしたがっていない。

そのような市場社会主義論に反発し、欧米マルクス学派のなかでも、E・マンデル「社会主義的計画化の擁護のために」(*New Left Review*, 1986.9-10) やD・コッツ (*The Rise and Fall of Neoliberal Capitalism*, 2015) にみられるように、むしろ先進諸国での基礎的消費は飽和状態に近く、分権的で民主的な計画経済によって十分満たしうるし、ソ連型社会に代わる未経験の可能性がそこに残されているとする見解もみられる。

これらの二様のマルクス学派の見解をどのように受けとめたらよいか。二〇世紀の社会主義を代表していたソ連型モデルが、唯一の科学的社会主義の道とされていたのにたいし、その専制的官僚体制の崩壊をうけて、代替モデルとして主張されている諸構想が、それぞれにまた排他的に唯一の、あるいは最善の社会主義モデルとされる傾向がありはしないか、という懸念もなくはない。それが進歩的左派のあいだに分断と非協力を生ずるおそれはないか。

私としてはかつて山川均や宇野弘蔵が社会主義への道はひとつではない、と述べていたことをやや広く解釈して、それぞれの社会の歴史的・文化的特性や民衆の意向をうけて、資本主義をこえる社会のあり方には、いまや多様な選択肢がかなり広くひらかれていると考えている。

計画と市場のいずれによるかも単純な二分法でなく、そのときどきの現実的配慮を加えて、それらに適合的な分野が選ばれ、組合わされてゆく可能性も多分にありうる。

『資本論』における市場経済とそれにもとづく資本主義経済の原理的解明の体系も、資本主義をのりこえるこれからの社会主義に、（かってそう解釈されていたように）全面的に市場を排除した計画経済の体制のみを想定させる理論体系をなしているのかどうか。ランゲやブルスのような一般均衡理論とは異なる『資本論』の労働価値説による価格理論や恐慌論が、労働力の商品化による資本主義をのりこえる計画経済の可能性とあわせて、市場社会主義の多様な理論的可能性も読みとることのできる理論体系をなしているとはいえないか。

拙著『市場経済と社会主義』（平凡社、一九九五）では、その理論的可能性を追究し、『資本論』の理論的な要となる、貨幣、労働、分業、企業、価格、利子、地代、景気変動といった原理的諸規定が、社会主義的計画経済においても市場社会主義においてもそれぞれに大切な考察基準となることをあらためて確かめる試みをすすめてみた。市場社会主義論は、ランゲ以来の一般均衡論的ミクロ価格と不可分なものではなく、むしろ『資本論』の経済理論によってその理論的可能性と意義をより広い視野で理解可能とされるように思われる。

新自由主義の限界をうけて、いまや途上諸国のみならず先進諸国にもひさびさに社会主義政治変革がとくに若者世代の関心を惹くなかで、人間と自然の荒廃を克服する方途として、『資本論』の経済学にもとづき現代の資本主義と社会主義の二重の危機を批判的に検討し、それらをのりこえる二一世紀型社会主義の広く多様な構想に活かせる理論的試みをすすめ、ともに未来をひらく社会的連帯運動の可能性を広く探求してゆかなければならない時代ではないかとあらためて思う。

8

金融化資本主義とサブプライム恐慌——C・ラパヴィツァス、G・ディムスキーとの協力

(1) 現代資本主義の金融化

新自由主義のもとで現代資本主義は金融の役割を顕著に肥大化させてきた。とくに高度情報・通信技術を利用した銀行をはじめとする金融諸機関の資金の動員、融通、決済の媒介業務は、国際的にも国内的にも拡大深化してきた。企業はもとよりわれわれの日常生活でも給与や年金は銀行などに振り込まれ、そこからの支払いも現金を使うことが少なくなり、カードや自動引き落としなど金融媒介による部分が増加し続けてきた。

先進諸国では製造業や商業などのいわゆる実業が海外投資を増加させつつ、国内的には空洞化して停滞するなかで、金融業の興隆と肥大化がすすんだ。たとえばアメリカでは、一九七〇〜八〇年代までは金融会社の利潤総額は非金融会社の利潤総額の五分の一であったが、二〇〇〇年には二分の一となり、さらに七割近くになる年もみられるようになる。資本主義はグローバリゼーションをすすめつつ金融化資本主義の特徴を顕著にしているのではないか。その歴史的意義や社会的影響をどのように理解すべきか。『資本論』の経済学はこうした問題関心にどのように活かせるであろうか。

世界のマルクス経済学の研究にとっても、貨幣・金融の政治経済学の理論と分析が重要視されざるをえない時代状況が生じてきた。こうしたなかでロンドン大学（東洋アフリカ研究学院SOAS）教授C・ラパヴィツァスの一連の学問的貢献が若い世代の研究者をひきつけ、存在感を増している。

はじめて知り合いになったのは一九九〇年であったか、もう三〇年をこすつきあいになる。本郷の研究室に三〇歳にならない彼が訪ねてくれてからのことである。二五歳年下であったが、その知的な活力、日本をふくむ金融の理論と分析への率直な関心とそれに向けて日本語も身につけようとする学問的周到さなどにこころをひかれた。北海道拓殖銀行での実務の研修を終えてロンドン大学にかえる途次とのことであったが、それ以来、貨幣・金融の基礎理論や日本経済についての交信が続いた。

コスタス・ラパヴィツァス氏と。北京での国際学会にて2002年4月23日撮影。

それをうけて一九九三年には、東京大学経済学部に客員助教授として招聘し、講義やセミナーを担当してもらいながら、毎週定例の研究会を共催し、若手の同僚や院生であった小幡道昭、宮澤和敏、西部忠、大黒弘慈、田中英明らの若い友人たちとたのしんだ。

その過程で、共著『貨幣・金融の政治経済学』（1999, 日本語版、岩波書店、二〇〇二）の企画も相談がすすんだ。われわれ両名からみると、一九七〇年代以降の欧米マルクス経済学のルネッサンスでは、日本の政治経済学の伝統にくらべ、貨幣・金融の重要な役割が比較的軽視されがちであると思われたからである。現代世界のなかで重要性を増している論点をめぐり、英語でマルクス学派としての貨幣・金融の政治経済学の体系的理論研究を提示し促進する必要があるのではないか。

その理論的基礎として『資本論』の貨幣・信用の理論の特徴的内容を、それに先行する重商主義、古典派経済学の貨幣・金融の理論との対比においてあきらかにするとともに、その後のケインズ経済学やポスト・ケインズ派の理論との批判的比較においても総合的に解明しておきたい。その編別構成を立案しつつ、重商主義から古典派を経てマルクスにいたる貨幣・金融論は、私が草稿を書き、その後のケインズ経済学をふくむ広義の新古典派経済学の貨幣・金融論の批判的検討はコスタス（ラパヴィツァス）に草稿執筆を分担してもらおうかと考えていた。その心づもりで相談したところ、マルクスにさきだつ古典派までのところも書いてみたいとのことで、その意欲と素養にあらためて感銘をうけた。

欧米出身のマルクス経済学者が新古典派経済学をまず学んで、その限界を批判しつつ理論研究をすすめるさいには、マルクスが批判の対象とした重商主義から古典派経済学にいたる学説史にまでさかのぼって検討することにはならないことが多い。ギリシャ出身のコスタスやインド出身のM・デサイなどの場合、それぞれに若いころからの学問的素養に広がりと奥行きが感じられ、それに敬意と親近感をおぼえるところもあった。

われわれの協働作業のなかで、ほぼ同意されていた共通認識のひとつは、つぎのことであった。すなわち一六世紀にはじまる資本主義の生成、発展の過程で、そのいわば自己認識としての経済学の理論体系がいくつかの重要な学派を形成してきたなかで、重商主義の経済学の理論的体系化を総括的に示した一八世紀のJ・スチュアートの『経済学原理』(1767)、マルクス学派を拓いた一九世紀のK・マルクスの『資本論』(1867, 85, 94)、およびケインズ学派の基礎をなした二〇世紀のJ・M・ケインズの『雇用、利子、および貨幣の一般理論』(1936)の三者が、圧倒的に重要な貨幣・金融の理論体系をなしている。それらにおいては、古典派経済学や新古典派ミクロ価格理論では無視されている、貨幣の多様な機能、とくに貨幣が蓄蔵されて、ただちに購買や投資に向かわない機能もあり、その動向によっては有効需要の不足や恐慌が生ずることもありうるとみて、経済生活におよぼす貨幣・金融の相対的に独自の作用を重視する理論的考察が示されている。

そのさい、コスタスの論稿 A Model of Money Hoard Formation in the Circuit of Capital

(1992) があきらかにしていたように、ケインズ理論では貨幣の蓄蔵による流動性選好の高まりは、経済主体としての個人の主観的な心理的期待の動向によるとされるのに対し、マルクスでは客観的な資本の回転にもとづく貨幣蓄蔵の諸契機が重視されている。ポスト・ケインズ派のH・ミンスキーらの投機的選好の動態にもとづくバブルとその崩壊による景気循環論とそれにともなう現代的な金融不安定論も、マルクス学派からすれば、そのような投機的選好の動態がどのような実体経済における資本蓄積の客観的変化に起因しているのか、その客観的基礎の分析が重視されてよいことになる。

われわれの共著『貨幣・金融の政治経済学』は、現代世界の金融化資本主義の解明へのマルクス学派による考察基準を示すものとして若い世代にも広く読まれ、歓迎されている。中国語版 (2001) やギリシャ語版 (2004) も出版された。そのすこしあとであったか、ラッセルスクエアーのバス停で、SOASから帰る若い女性の院生に声をかけられ、オーストリアから金融の研究に来ているとのことなので、この共著は知っていますか、ときくと Oh, it is my bible とのことで、いまだにときおりうれしく想いおこしている。

（2）サブプライム世界恐慌の分析

　この共著をもとに金融論の客員教授として二〇〇七年秋からロンドン郊外のグリニッジ大学で半年講義をしてほしいとのとのお誘いがあって、その年の九月にでかけた。ロンドンのヒースロー空港からコスタスにいま着いたと電話すると、「ノーザンロックが取り付けにあっている」と興奮している。とっさになんのことかわかりかねたが、すこしきいてわかった。住宅金融ではイギリスで五指にはいる銀行のノーザンロックがアメリカのサブプライム証券への投資などでゆきづまり、イングランド銀行に緊急融資を要請したことから、預金の取り付けにあって倒産の危機をむかえているというのであった。たしかに戦後の高度成長期以後の先進諸国では、銀行の取り付けの危機やそれを一環とする広範な支払い不能の連鎖を生ずる恐慌は過去のエピソードとして学ぶことはあっても、半世紀間ほとんど経験したことのない経済危機をなしていた。

　われわれの共著で重視した『資本論』の経済学は、他の学派の基礎理論と異なり、資本主義経済の内的矛盾の発現として、信用恐慌を不可欠の一環とする周期的恐慌の必然性を、一九世紀のイギリスを中心とする古典的景気循環に抽象の基礎をおきつつ理論的に解明する試みをふくんでいた。それを考察基準として、ノーザンロックの取り付けも一環として連鎖的に拡大しつつあったサブプライム世界恐慌をいかに分析しうるか。それは経済学の基礎理論とそれにもとづく現状分析の有効性が大きく問われる切実な研究課題をなしている。コスタスの興奮もそこから来ていたのではないか。

さっそく週一度サンドイッチなどがおいてあるＳＯＡＳのファカルティールームで落ち合い、主として進行中のサブプライム世界恐慌をめぐり、定例の研究会をやろうということになった。在外研究でＳＯＡＳに滞在していた千葉商科大学の清水正昭、愛知大学の竹内晴夫、國學院大學の中馬祥子なども集まって、さまざまな情報、統計、論稿をそのつど持ちよって、だれかが報告し討論する毎回充実した研究会が続いた。その内容はグリニッジ大学での講義にもしばしば活用できた。

たとえば、一九九六年ごろからアメリカの大手銀行は、いっせいに住宅ローンの売り込みを子会社のモーゲッジ・カンパニーという住専貸付会社を介し拡大するしくみを形成して、みずからは預金を受け入れない住専貸付会社の売り込んだローンを親銀行が買い取り、信用度の高いプライムローンとそうはいえないサブプライムローンとを束ねて抵当担保証券（ＭＢＳ）として高い格付けをえて、世界市場で売りさばき、資金を取り込んでは、モーゲッジ・カンパニーを介し住宅ローン拡大に流し込む（originate-to-distribute といわれる）操作をくりかえすようになる。ノーザンロックをふくめイギリスや他のヨーロッパ諸国の銀行もそのしくみに大きく巻き込まれるとともに、イギリス、スペインなどでは、国内的にも住宅ローンとそれによる投機的不動産取引を大規模に拡張していた。これにさきだつ時期には、アメリカでの住宅ローンは主として貯蓄貸付組合（S＆L）といわれる住専信用金庫のような組織に依存していた。満期まで貸し手のS＆Lが抵当担保債権を保持する（originate-to-hold の）しくみが一九八〇年代のインフレ期に長期抵当債券の低い固定金利とそれを保持してゆくための預金への利子やその他短期調達資金の金利高とのあいだに逆ざやが生じて、あいついでS＆Lが破綻していった。その後に、一九九〇年代後半に大手銀行が子会社のモーゲッジ・カンパニーをいわばトンネルとして住宅抵当貸し付けの債権を買い取り束ねて世界市場で売りさばく新たなしくみを大規模に形成し、ほぼ一〇年にわたるアメリカでの投機的住宅建設とその取引のブームが住宅価格の上昇傾向をともない膨張していった。

そのようなアメリカの住宅ローンの仕組みの転換については、とくにS＆Lについて専門的研究をすすめていた清水正昭氏から学ぶところが大きかった。いずれにせよサブプライム恐慌は、二〇〇八年九月の大手投資銀行でアメリカ第四位の大証券会社でもあったリーマン・ブラザースの倒産を生ずるまで金融恐慌を深化拡大し、さらにリーマン・ショックを介しほとんどすべての国の株式市場の暴落をともなう世界恐慌に拡大していった。

震源地のアメリカはもとよりヨーロッパ、日本も翌二〇〇九年にかけてアメリカより大幅な国内総生産（GDP）の落ち込みを生じ、雇用状況も悪化して、先進諸国全体に破壊的な経済的災厄が深化する。それを連邦準備銀行前議長のグリーンスパンは「一〇〇年に一度の大津波」とよび、日本の政治家もそれを口まねしていた。しかし、その後に生じた東日本大震災とは異なり、サブプライム世界恐慌は、アメリカを中心とする新自由主義的な金融化資本主義の内的矛盾に起因する自己崩壊にほかならない。『資本論』の経済学にもとづき、資本主義市場経済に内在的な矛盾の発現としての恐慌の原理的解明を考察基準とするマルクス学派と異なり、市場経済社会としての資本主義のしくみに自然的な自由の調和的実現のみを原理的にみいだす新古典派経済学からすれば、世界恐慌の災厄は津波のような外的自然災害のように理解するほかないのかもしれない。

リーマン・ショックのころにイギリスから帰国し、すぐに『現代思想』二〇〇九年一月号の金融恐慌の特集に寄稿を依頼され、SOASでの研究会などで検討していた内容を「サブプライム金融恐慌の構造と意義」にまとめるなど、いくつかの論稿において公刊した。それらをもとに拙著『サブプライムから世界恐慌へ』（青土社、二〇〇九）も出版社からの依頼に応じて私としては異例の速さでとりまとめることができた。コスタスからもその編著 *Financialisation in Crisis*（2012）への協力を依頼され論文 The Historical Significance and the social Costs of the Subprime Crisis; Drawing on the Japanese Experience を執筆した。

その後サブプライム世界恐慌はユーロ危機に連鎖的に転化していった。サブプライム恐慌の発生過程から、コスタスは、新聞、テレビなどのメディアでも論評をしきりに求められるようになり、世界的に貨幣・金融の専門的研究者としての名声を高めていった。加えてユーロ危機にさいしての域内の統一通貨のもとでは、ドイツのように生産性を上げやすい先端的工業国に域内貿易が有利に作用するとともに、農業や観光業などの労働生産性を上げにくい産業によっているイタリア、スペイン、ギリシャなどの諸国には貿易収支の赤字が生じ累積しやすく、ユーロ圏内の財政規律の規制のもとで、雇用政策も自主的におこない難くなる。それゆえ、ユーロ圏から離脱して財政自主権をとりもどす選択肢が望まれることにもなる。こうしたユーロ危機の分析にもとづくコスタスのギリシャ・ユーロ離脱（グレグジット）論は、チプラスのもとに結集した急進左派連合（シリザ）の緊縮政策反対への重要な論拠を与え、二〇一五年一月の総選挙でのシリザの勝利とその政権成立に大きく貢献した。その過程でコスタスもギリシャの国会議員となり、その存在感はいっそう世界的に大きくなった。しかしその後、チプラスがユーログループとのきびしい交渉に屈服し、翌年からの緊縮予算を僅差で成立させてユーロ側からの融資再開とひきかえに緊縮政策に反転したので、コスタスも議員を辞職し、SOASに復帰した。

同時にイギリスの大学ではポストがごく限られている教授に昇任する。その就任講義が二〇一五年一二月にSOASの講堂で満員の学生、院生、教員らを集めて開催された。学長に招聘され祝辞をかねて新教授の紹介をさせてもらった。ギリシャのためにSOASを去っていた時期には、経済学者でもあったギリシャの前首相パパンドレウの挫折や古くはソクラテスの悲劇の轍を踏まないか憂慮していたが、ここに復帰してめでたく教授に迎えられ、長年の研究仲間として心からよろこんでいると述べうれしいひとときであった。

(3) 労働力の金融化

ふりかえってみると、サブプライム世界恐慌は、金融化資本主義を新自由主義のもとで先進的に実現したアメリカ資本主義を震源地とする現代的資本主義の内的矛盾の発現をなしていた。とはいえ、現代的な金融化資本主義の自己崩壊としての投機的不動産取引や資本市場のバブルとその崩壊は、一九九〇年に生じた日本の巨大バブルの崩壊、一九九七年にみられたアジアの通貨危機、二〇〇一年に発生したアメリカでのIT関連株式ブームの崩壊につづく一連のバブルリレーといわれる金融恐慌の現代世界における反復の一環をもなしていた。

とくに一九八〇年代末に日本の不動産と株式の投機的取引の大膨張とその崩壊は、それに続く失われた三〇年の深刻なデフレと衰退を日本経済にもたらす発端をなしていた。アメリカでは、二〇〇一年に生じたITバブルの崩壊とその時期にもはじまっていた住宅バブルのサブプライム恐慌での崩壊との二波に分かれた金融恐慌が、日本ではそれにさきだち、同時的に連動した巨大バブルを形成し一九九〇年以降の大崩壊を生じていたのである。

実は、この時期の日本の投機的バブルとその崩壊の重要な一面をなしていた住宅金融のしくみとその崩壊による経済的災厄が多くの働く人びとに与えた深刻な打撃について、ケインズ左派の金融論の優れた理論家G・ディムスキーの協力要請もあって興味をよせ、検討をすすめていた。その研究成果は、日本語では論文「日本における金融システムの機能変化と住宅金融」(2001, 拙著『幻滅の資本主義』大月書店、二〇〇六、所収)、英語では Housing Finance in Japanese Financial Instability, in G. Dymski and D. Isenberg eds., *Seeking Shelter on the Pacific Rim* (2002) にとりまとめておいた。

そこではほぼつぎのような日本の金融システムの機能変化が分析されていた。すなわち、戦後の高度成長期には日本の家計部門の高い貯蓄率にもとづき銀行などに集められる資金が、高度成長を支える大企業の設備投資などに継続的に貸し付けられて、日本の大企業のいわゆるオーバーローン体質を形成していた。その体制が一九七三年からのインフレ恐慌で崩れて、連続的に危機と再編の時代をむかえると、一変する。すなわち、設備投資の規模を縮小しIT合理化をすすめる大企業は、債務をあいついで返済して内部留保を厚くし自己金融化をすすめ、むしろ余裕資金を財テクで運用して稼ぐ傾向を強めた。その結果、銀行などの金融機関は以前の安定的融資先を失い、過剰資金の運用先を求め、累積する公債、中小企業への融資、海外証券投資などへの運用を拡大するとともに、あらためて住宅ローンなどの消費者金融を大きく拡大する。

高度成長期には地方から都市への人口移動が核家族化にともなう世帯数の増加とあわせ、住宅需要を増大させ続けてはいたが、郵貯資金の一部を財政投融資の一環として住宅金融公庫が貸し付ける制度は、抽選などできびしく利用が制限され続け、日本の金融システムは住宅ローンにあまり役立てられていなかった。

それが大きく変化するのは一九七〇年代末からで、まず主要な大銀行が、あいついで子会社の住宅専門貸付会社（住専）七社をつくり住宅ローンの売り込みを始める。しかし、すぐに親銀行がそれぞれ直接に住宅ローンの拡大を手掛けるようになり、それが一九八〇年代末にかけての不動産ブームをもたらし、株式市場での投機的バブルと連動する巨大な投機的取引を膨張させる重要なしくみとなっていった。その大崩壊が一九九〇年代に不動産と株式価額とであわせて一六〇〇兆円余におよぶキャピタルロスを生じ、それに巻き込まれた多くの労働者世帯に大打撃を与えつつ、銀行などの金融機関にも倒産や整理をせまる金融恐慌を広げていった。日本でのこうした巨大バブル崩壊は、アメリカでのＩＴバブル崩壊とサブプライム恐慌とを先駆的に生じていたことになる。

こうした経緯の考察がサブプライム恐慌の分析にも役立ったのであるが、その内容をサブプライム恐慌にさきだつ時期に欧米で報告していると、金融専門家の一部からは日本の金融システムは証券化による効率的で合理的な英米流の直接金融のしくみによらず、銀行を介しての人脈や縁故に依存した古い（クローニー）体質の間接金融によっているところに問題があったのではないか、とよくといわれた。しかしその後の展開をみれば、効率的で合理的しくみのはずの証券化金融体制もそれを中心的にすすめていたアメリカ、イギリスで大規模な自己崩壊をその内部から生じている。しかも日本の間接金融のしくみが主に国内の資金の融通関係にとどまっていたのでその投機的バブルの崩壊も日本経済へのいわばローカルな打撃にとどめられていたのにくらべ、多重証券化をつうじ世界的資金を動員していたアメリカの住宅ブームの打撃は世界恐慌に発展しており、その違いも無視できない。と同時に日本でもアメリカでもイギリスなどのヨーロッパ諸国でも、住宅ローンのバブル的膨張とその崩壊をつうじ、きわめて多くの労働者世帯に労働力の商品化にもとづく職場での剰余労働の搾取関係に加え、労働力の金融化ともいうべき現代の金融化資本主義のもとでの新たな搾取・収奪関係が共通に拡大され、労働力の商品化の無理が深化していることも認識されてよいであろう。

ふりかえってみると、もともと古くから中世までの金貸資本は、しばしば農民などの直接的生産者の生活の窮乏につけいって高利貸しによる元利払いの取り立てにより、その資産まで収奪していた。近代資本主義の銀行などの金融諸機関は、これと異なり、主として資本主義的企業に貸し付けて、その利潤獲得を増大させつつ、その一部を利子として取得する合理的金融システムを展開するようになっていた。そのかぎりで、消費者金融はその周辺の質屋などにゆだねられていた。現代的な金融化資本主義のもとであらためて大手銀行が、労働者大衆への住宅金融などのローンを大拡張し、広く労働力を金融化して、債務不履行になれば住まいを差し押さえる収奪的業務を再拡大しているのは、古くからの商品経済につきまとっていた債権債務関係による搾取・収奪機能の現代的再生利用を意味していないか。

ディムスキーはその編著におさめられた拙稿での日本の住宅金融のほぼこうした内容の分析について、新古典派ミクロ価格理論に対峙するポスト・ケインズ派としての異端派経済学(Heterodox Economics)の観点からも、うなずけるところが多いとみてくれている。たとえばコスタスの著書 *Social Foundation of Market, Money and Credit* (2003)についての書評論文 Money and credit in heterodox theory: Reflections on Lapavitsas (2006)において、「ラパヴィツァスにとっては、貨幣・金融の理論化にさいして基礎理論の至上課題は、資本主義的剰余の搾取と蓄積の動態から演繹されるものとされている」のにたいし、伊藤は日本の住宅金融の仕組みと動態や二〇年余におよぶ日本の資産バブルに由来する経済危機における貨幣・金融の役割の分析にさいして、ポスト・ケインズ派の金融不安定性の定式化の妥当性をも容認しつつ、家族構造の変化、性差別、出生率の低下、および経済政策のような、相対的に独立の社会的諸要因も考慮に入れることによって、「理念的な資本主義の論理と生身の資本主義システムとのあいだの緊張関係とすすんで共生しようとしているように思われる」と評価している。

この論評には、宇野理論における三段階論の方法を念頭におけば、コスタスがおそらく原理論の次元で述べている論理を、拙稿での現状分析の次元での分析と対比させているところに違和感がある。コスタスも現状分析の次元では拙稿とほぼ同様に相対的に独自な社会的諸要因を考慮し広くポスト・ケインズ派の金融不安定性論の妥当性をもその歴史的客観的背景のもとに位置づけて分析することになるにちがいない。とはいえ、ディムスキーとの協力関係をつうじ、共通の学問的認識に評価がえられたことは、ひろく現代マルクス学派にとって無意味とは思えない。少なくとも当面の政治課題としての社会民主主義をふくむ広義の社会主義への社会的連帯、それと連動する反戦・平和を求める労働者大衆の社会運動への結集を促す学問的基礎がマルクス学派からも提示されてよいと思われるからである。

9　新古典派経済学との対峙関係のなかで——置塩信雄、レギュラシオン学派、ＳＳＡ理論とともに

ふりかえってみると一九七〇年代ごろまでの日本の大学の多くでは、『資本論』にもとづくマルクス経済学の理論とそれにもとづく資本主義の発展と現状の分析にたずさわる研究者は、ケインズ経済学をふくむ広義の新古典派経済学の研究者にほぼ匹敵するバランスで再生産されていた。しかし、その後、新自由主義が支配的政治潮流となり、総評に結集していた戦闘的労働運動の組織が民営化攻勢で解体をせまられ、ソ連型社会主義がゆきづまり崩壊する過程で、学界でも論壇でもマルクス学派にきびしい冬の時代が訪れている。

他方、欧米の学界では、マルクス経済学のルネッサンスを経て、もともとは新古典派経済学の専門家として育ち教職につきながら、マルクス学派を形成した理論家たちが学会組織も産みだし定着させてきた。ほぼ同世代のその活力と比較すると、日本の学界と論壇にはむしろ逆方向と思えるようなマルクス学派排撃の傾向が強められ、経済学の多様性が大きく損なわれつつある。それはこれからの若い世代に学問と教育の自由な選択肢を失わせ、いま訪れつつある世界史の大きな転換点での日本における展望にも大きな欠落をもたらしかねない。

この情勢を深く憂慮しつつ、日本のマルクス学派が概してこれまで宇野学派もふくめ、その内部の論争点や問題関心にそって研究を深化し高度化することにつとめる反面で、新古典派経済学の手法や問題関心にあまり注意を向けず、いわば冷戦的対峙構造を生じていたことが、ある種の脆弱性をもたらしてはいなかったか、かえりみる気分にもなる。そのような反省は、置塩信雄、フランスのレギュラシオン学派、アメリカのＳＳＡ理論の魅力にひかれて生じているところもある。

（１）置塩信雄とのノート交換による共著

一九七〇年代以降の欧米マルクス経済学のルネッサンス運動の担い手は、多くの場合、新古典派経済学の専門研究者としての教育訓練をうけていた。そのため、スラッファ『商品による商品の生産』（1960）による再生産の技術的体系にもとづく新リカード学派としての客観価値論の数理的モデルの展開による新古典派価格理論の批判の意義や、それを介してのマルクス労働価値説の再評価の可能性にも興味をよせやすかった。マルクスの価値の生産価格への転化論をめぐるいわゆる転形問題論争を大きく再燃させた、サムエルソンや森嶋道夫らの数理経済学的モデルによるマルクス労働価値説批判も、『資本論』の価値論が現代的数理経済学の手法で検討に値することを理解させる効果を生じていた。とくに森嶋が参照している柴田敬から置塩信雄に継承されてきた日本の数理経済学的手法を活かしたマルクス理論家の貢献に、当時の若い世代の欧米マルクス学派の熱い関心が寄せられていた。たとえば、どのような価格関係であれ、利潤がふくまれているかぎり、そのもとでは剰余労働の搾取が成立していることを証明した置塩によるマルクスの基本定理や、マルクスの利潤率の傾向的低下の法則をめぐる批判的検討は、その後も最近まで欧米マルクス学派のなかでも繰り返し論及され続けている。

一九七四年にはじめて在外研究の機会をえて欧米を訪れ、日本にあまり知られていなかった欧米マルクス経済学の再生運動の広がりに接し、日本のマルクス経済学の発展を宇野理論とその適用可能性を中心に伝えながら、交流をすすめるなかで、置塩の一連の貢献にも世界的意義が大きいことをあらためて感じていた。ヒックス、ケインズ、ハロッドの主著を中心に新古典派経済学の理論モデルについて研究を深め、マルクス経済学の見地からその成果を活かそうとしている置塩の貢献は、欧米マルクス学派の理論家の多くになじみやすいところがあったと考えられる。

帰国後まもなく五月祭の企画で置塩が招かれ、満員の教室で学生と一緒に唯物史観と経済学の関係についての置塩の講演をきいた。それが初対面でその後一〇年余り共著『経済理論と現代資本主義――ノート交換による討論』(岩波書店、一九八七)の企画、内容の相談、執筆、とりまとめにかけて、親しく率直な意見交換の機会が増していった。たとえば置塩の著書『現代資本主義分析の課題』(岩波書店、一九八〇)に私が一橋大学『経済学研究』(一九八一年一〇月号)に書評を書き、『社会科学の方法』誌上で、置塩が「マルクス経済学の若干の問題――宇野理論によせて」(一九八二年一二月号)を、私がそれへの論評「資本主義社会止揚の論拠――置塩信雄氏の宇野理論批判によせて」（一九八三年五月号）を書いていた。それらがきっかけとなり、一九八四年から三年にわたり、たしか隔月くらいに岩波書店で打ち合わせや討論の機会をもちながら、共著に向けての準備や執筆がすすめられた。共著の後にも拙著 *The Basic Theory of Capitalism*, 1988 への書評を置塩が東京大学『経済学論集』（一九八九年一月）によせてくれている。

共著の最後の「討論を終えて」でともに述べているように、共著の準備、執筆の協働作業の過程で、たがいの意見の相違はむろん残ったにせよ、マルクスの『資本論』にもとづき現代資本主義の分析をすすめることの重要性はともに認識し、学問的に誠実で後味のよい協力がたのしくできたと感じている。日本ではとくに広義の新古典派経済学をその数理的手法とともに専門的に学ぶと、マルクスによる経済学から遠ざかり、多くの場合、対立的にマルクス学派を排撃する見地に立つことになる研究者が少なくなかった。そのためもあって、宇野理論をふくむ日本のマルクス学派の理論家の多くも、非マルクス学派との基本課題の相違を強調しつつ、置塩や欧米マルクス学派の理論家にくらべ、新古典派理論やその手法からも学んでマルクス学派的に活かせる側面もあることを、あるいは軽視してきたのではないか、とも感じられた。それが後続世代の日本のマルクス学派にも期待したい置塩のメッセージのひとつであったのかもしれない。

もっとも、置塩の拙著への書評（一九八九）で「近代経済学の価格理論、物価理論、資本理論に論理的不整合があるという見解には承服しがたい。Reswitching の問題についても同様である」としているところには、いわゆる資本論争でスラッファやJ・ロビンソンらイギリスのケンブリッジ学派の提起した論争点についての「承服しがたい」理由を詳しくきいておくべきであったといまでも心残りもある。価値論に関していえば複雑労働の取り扱いについても見解が分かれたままであった。

他方、景気循環論では、新古典派ミクロ理論による接近とは異なる、ケインズ、ハロッドにみられる資本主義経済の不安定性論の意義を評価して好況過程での不均衡累積を強調し、物価上昇のため実質賃金が低落してゆき、労働力の再生産がおびやかされて、その反転の社会的必要性から恐慌が生ずるとする一種の過少消費説的な置塩理論にも納得できなかった。好況末期には、マルクスも指摘していたように、雇用と労賃の上昇により労働者の消費需要も旺盛となり、通例労賃がむしろ利潤を圧縮する傾向が生じていたと思われるからである。ケインズ経済学の意義は、周期的恐慌の原理論よりもむしろニューディール以降の現代資本主義分析において、検討されるべきところと思われるのであるが、どうであろうか。

さらに資本主義のもとでの生産力の上昇が、生産手段の私有制にもとづく生産諸関係のもとで処理しがたい矛盾をはらむので、社会の存続を可能とするには、社会主義的変革が必然的になるという傾向法則も『資本論』の理論に欠かせない一面であるとする置塩説は、従前のマルクス主義経済学正統派の基本を継承しているところともみえる。しかし社会主義の可能性までは示せるとしても、社会主義の必然性まで『資本論』のような資本主義経済の原理論の内部で論証はできないのではないか、という宇野弘蔵の見解との相違は、経済学の理論と労働者の階級的社会運動やそれにもとづく政治活動の意義と関係をふくめ、やはり慎重に考えるべき方法論上の問題として残るところと思われる。

こうした諸問題での見解の相違はあるにせよ、広義の近代経済学ないし新古典派経済学との対峙関係が重さを増している日本のマルクス経済学にとって、さまざまな研究のレベルと分野をつうじ、置塩の残した示唆は尊重されてよいところであろう。広義の新古典派経済学でもミクロ価格理論とマクロ経済学とでは、マルクス学派からみても利用可能性に差異がありうる。たとえば厚生経済学でそれらの接近がどのように組合わされて用いられているか、それにともなう経済政策論の内容などにも興味ある検討課題がありそうに思われる。欧米マルクス学派との研究上の交流をすすめるうえでも、そのような広い視野で研究をすすめることが望ましいのではなかろうか。

(2) レギュラシオン学派の魅力と問題点

第二次世界大戦後の混乱期をのりこえた資本主義先進諸国が、冷戦構造のもとで、一九七〇年代初頭までの四半世紀余、ソ連型正統派マルクス経済学の予想していた全般的危機の深化をみることなく、逆にかつてなかった実質経済成長の水準をほぼ継続的に維持する高度成長を経験しえたのはなぜか。当時の新古典派総合の見地では、ニューディール以降のアメリカをはじめとする先進諸国にはケインズ経済学による完全雇用政策としての財政・金融政策がマクロ経済の持続的成長を実現するようになり、その枠組みのもとでミクロの経済主体への所得配分は市場での価格調整の作用を介し、ミクロ価格理論にしたがい調和的に達成されるようになったとみられていた。

それをうけて、マルクス学派でも東独のK・ツィーシャンク「国家独占資本主義の若干の理論問題」(1957, 井汲卓一編『国家独占資本主義』大月書店、一九五八、所収)などが、資本の創出や市場の確保のために生産諸関係に引き入れられる国家独占資本主義の体制が形成されたとみなし、日本にも支持者を増していた。それをうけて、宇野恐慌論を基礎とし、社会主義に対抗するケインズ主義的インフレーション政策の意義を重視する観点にたった大内力『国家独占資本主義』(東京大学出版会、一九七〇)も提示され、有力視されていた。

しかし、国家によるケインズ主義的有効需要管理政策が継続的高度成長を可能とする主要因であったとすれば、一九七三〜七五年のインフレ恐慌はその過度の誤操作によるものとみなされることとなる。その反面で、それに先立つ先進諸国の資本蓄積が前提していた四条件——①農村部などからの労働力の供給余力、②世界市場での原油などの一次産品の安価な供給の弾力性、③それらを用いる各種耐久消費財の大量生産技術のフロンティアの存在、④その開発を先導したアメリカ産業の国際競争力に支えられたブレトン・ウッズ国際通貨体制の安定性——が、高度成長を根底において支えていたことが軽視されていないか。それとともに高度成長がその末期に、宇野恐慌論の重視していた、労働力商品化のムリにもとづく資本の過剰蓄積による労賃上昇と利潤の圧縮を、世界市場における一次産品の供給の弾力性をこえる過剰蓄積の困難とともに深刻化し、あわせてブレトン・ウッズ国際通貨体制の崩壊過程で、古典的恐慌とは対照的に物価の下落ではなく、インフレの悪性化の現象形態をともないながら、資本主義に内在的な矛盾の現代的発現を示していたことも明確にされにくいのではなかろうか。

高度成長期の資本主義とその崩壊過程について、ケインズ主義的理解にも国家独占資本主義論におけるそのマルクス派的解釈にも、こうした観点から疑問を感じていた。フランスのマルクス学派に一九七〇年代にあらわれた一連のレギュラシオン理論（RT）は、そのような疑問をある程度解消してくれる現代資本主義論を提示している。その発端をなしたのは、M・アグリエッタの著書『資本主義のレギュラシオン理論』(1976, 若森章孝他訳、大村書店、一九八九)であり、R・ボワイエ、A・リピエッツ、B・コリアらの著作がそれに続き、日本でもそれらの多くが平田清明、山田鋭夫、斉藤日出治ら一連の支持者をえて、邦訳され普及されてきた。

この学派のいうレギュラシオンは、英語のレギュレーションとは語感が異なる。国家による上からの規制や統御を意味するものではない。もとは生物学での環境との相互作用をとおした生命活動の調整作用から転用されたといわれ、資本主義市場経済の動態について、たんなる市場現象にとどまらず広く制度的諸形態や社会的意識のあり方と有機的に関連しつつ、たとえば団体交渉や社会闘争の結果にも左右されながら、歴史的にそのしくみが展開され調整されてゆくことを重視する観点を示している。それは経済生活のあらゆる問題を市場における価格決定の問題に還元して扱う新古典派経済学の狭い非歴史的分析に反発し、社会科学としてのマルクス経済学の広く豊かな可能性を現代に活かし、社会制度のあり方やその歴史的変化との有機的関連において資本主義経済の動態を解明しようとする意図を集約する用語であった。

この学派によれば、一九二〇年代には流れ作業による大量生産方式が生産基準に組み込まれながら、消費基準の側が概して旧来のまま推移していたために需給ギャップが拡大し、一九三〇年代の大恐慌をひきおこした。しかし、その後、戦後の先進資本市議諸国には、すでに一九二〇年代にヘンリー・フォードの工場で例外的に示されていた高生産性・高賃金の体制を、主要な諸産業に一般化して、生産性の上昇に見合う実質賃金の上昇が実現されてゆくフォード的蓄積体制を実現した。それが耐久消費財の大量生産の生産性上昇過程で需給ギャップが生じない高度成長を可能にした生産と消費の調整様式の核心をなしていた。こうしたフォード的蓄積体制を社会的政治的脈絡において重視する発想は、ユーロコミュニズムの理論的基礎を形成したA・グラムシのフォーディズム論に由来するともいわれる。

いずれにせよこうしたRTによる分析は、ケインズ経済学におけるマクロ経済の動態にとっての有効需要の理論の意義を一面で尊重しつつ、他面で戦後の高度成長を継続的に支えた有効需要の拡大は、国家による上からのケインズ主義的財政・金融政策によるものというより、むしろ民間資本のフォード的資本蓄積体制内部における労資関係の生産性上昇とリンクした実質賃金上昇と雇用拡大から内生的に実現されていたことを批判的にあきらかにする意義をもっていた。そこにかつての国家独占資本主義とは異なる、ケインズ経済学のマルクス経済学による歴史的文脈にそくした批判的活用の試みが提示されていた。

こうしたレギュラシオン学派とはじめて接触し交流しはじめたのは、オックスフォードのA・グリンに誘われて一九八八年の六月にバルセロナで開催されたRTについての国際学会に出席し報告してからのことであった。当初二、三〇名の小規模な研究集会の予定であったが、企画がすすむうちに反響が広がり、現実には報告論文一六〇、参加者四〇〇名に達する大イベ

学会後のバルセロナ観光。中央はアンドリュー・グリン氏。
1988年6月19日撮影。

ントとなった。社会党政権下でマルクス派のバルセロナ市長の肩入れもあり、欧米マルクス経済学のルネッサンスの継続的熱気が国際的に結集された印象的研究集会であった。そこでは、アグリエッタなどにはじまるパリグループにさきだち、ＲＴは一九七〇年代以降のＰ・ボッカラらのグループにはじまり、ついでＧ・ド・ベルニスらのグルノーブル派も加え、むしろフランス共産党支持者が先行していたことも主張されていた。フランス社会党や緑の党に親近性をもつパリグループとの三派のＲＴが一堂に会したのも初めてのことといわれ、この集会を活気づけていた。

その様子をふくめ、この集会のことは直後に拙稿「日本はポストフォーディズムへの調整を終えたか」(『エコノミスト』一九八八年九月号、拙著『世界経済のなかの日本』社会評論社、一九八八、所収)にも報告しておいた。その後、日本でパリグループを中心にＲＴの理論家たちの翻訳・紹介、論評が活発化していった。それを推進していた理論家のひとり平田清明からあるとき、ＲＴを日本に最初に紹介したのはあなたでしょうといわれたのは、この論稿のためかもしれない。最初に紹介したのだから最後まで支援しなさいといわれた気もした。

しかし、RTはたしかにケインズの重視した有効需要の役割を、マルクス学派の現代資本主義論に糾合し、単純に国家主義的でない批判的解釈をフォード的資本蓄積体制の意義として示した意義はあるにせよ、たとえばつぎの三点で、方法論上問題を残していたのではないか。第一に『資本論』を資本主義の一九世紀モデルとみなし、現代資本主義の動態を分析するための基礎理論として位置づけ、考察基準として活かす、宇野三段階論のような重層的体系化を拒否する傾向がないか。

第二に、フォード的蓄積体制が高度成長を実現する大切な要因であったにせよ、それに加えさきに指摘したこの時期の先進資本主義国の資本蓄積に有利な内外の具体的四条件が基本前提をなしていたことが軽視されていた。その結果、それらの諸条件が高度成長を続ける資本蓄積過程でいわば使いつくされて、一九七〇年代初頭の経済危機が生じたことが、むしろ『資本論』の恐慌論にもとづき分析されてよいことも明確にされていない。RTは広い歴史的制度的しくみを分析するとしながら、この点では中心概念のフォーディズムに狭く高度成長の秘密を絞りすぎたために、そのゆきづまりの経済危機も抽象的にフォーディズムの制度疲労によるところとされ、十分な分析がおこなえなくなっていたのではないか。

第三に、ポストフォーディズムとしての新自由主義のもとでの先進諸国の考察が、ネオ・フォーディズムのアメリカとトヨティズムの日本とボルボイズムの北欧との労使関係の調整の類型の分岐（バイファケーション）の考察に重点をおくこととなっており、その反面で先進諸国における情報通信技術（ＩＣＴ）の普及高度化にともなう企業の多国籍化、金融化、非正規で不安定な雇用形態のもとでの労働条件の劣化による内部市場の停滞化による経済危機が継続的に反復されてきた共通の衰退傾向が軽視されがちになっていないか。それとともに、先進諸国の衰退にかかわり、経済成長の基盤が中国その他のアジアなどの途上諸国の人口大国へと移行することで、世界経済に大規模な転換が訪れていることにも総合的で十分な解明がおよぼされないおそれを生じてはいないか。

こうした一連の問題点は北原勇・伊藤誠・山田鋭夫著『現代資本主義をどう視るか』（青木書店、一九九七）でも提示したつもりであるが、いまや新自由主義からの転換が世界的に問われているなかで、いっそう重要な方法論上の論点となってきているように思われる。

（3）アメリカのラディカル派とＳＳＡ理論

アメリカのマルクス理論家たちはみずからを概してラディカルエコノミストとみなし、

一九七〇年代以降その中心学会としてラディカルエコノミクス連合（URPE）を形成してきた。そこでも支配的な新古典派経済学に対峙しつつ、『資本論』にもとづく経済学の理論と分析を現代的に推進する多様な試みがすすめられてきた。

そのなかで、たとえばS・ボールズ、H・ギンティス、T・ワイスコップ、D・M・ゴードン、R・エドワーズ、M・ライクらの多くの理論家たちは、蓄積の社会的構造論（SSA理論）といわれるアプローチを特徴的に共有していた。ゴードン、エドワーズ、ライクの共著 *Segmented Work, Divided Workers; The Historical Transformation of Labor in the United States*（1982, 河村哲二他訳『アメリカ資本主義と労働』東洋経済新報社、一九八九）は、その接近方法を集約して示している。そこではマルクス学派に由来し、シュンペーターも重視していた景気循環のほぼ五〇年周期での長期波動論と資本主義の発展段階の分析とが結合され、資本蓄積の社会的構造の歴史的展開と変化が具体的に考察課題とされる。その課題にそって、資本蓄積過程にひびくすべての諸制度、なかでも貨幣・信用制度、財政政策や労働組合法などをつうずる経済への国家の関与、組合組織、政党、選挙制度などをつうずる階級闘争の構造や動態などの役割が重要視される。

そのような観点からアメリカ資本主義の労働過程を歴史的に分析すると、三つの顕著に異なる段階があきらかとなる。第一の段階は、一八二〇年代から一九世紀末にいたる「労働の初期プロレタリア化」の時代である。そこでは労働力の供給源が多様で、労働者が労働過程への支配力をなお多少とも保持し、労働作業は標準化されにくく、資本家やその代理人が個別的でしばしば恣意的な労務管理をおこなっていた。その末期にはこうした蓄積の社会的構造がゆきづまり利潤が圧迫されて、資本蓄積の危機が生じた。

そこで、第二の段階として、一九世紀末から一九三〇年代にかけて、そのような危機をのりこえる「労働の均質化」の時代となる。そこでは巨大企業のもとでの機械化、熟練労働の低減、テイラーリズム、フォーディズムによる労働者の均質化と駆り立て体制が展開される。ブレイヴァマン(1974)のいう労働の低質化が一様に推進された。しかし過酷な駆り立て制度はやがて離職率を高め、大恐慌の過程での労働者の抗議行動の焦点ともなり、衰退をせまられる。

それに代わり第二次世界大戦後のアメリカ資本主義には第三の段階として「労働の区分化」が進展した。ことに大企業の労務管理において多様な職務が体系的官僚的に区分され、職務に応じた技能形成が図られるとともに、主要業務と従属的業務の区分も拡大されて、二重の区分化が、人種差別、性差別を利用しつつ、蓄積の社会的構造を形成し、その安定した基礎のうえにケインズ主義的財政・金融政策を外枠として、投資の活況と経済活動の成長が実現されていた。

一九七〇年代以降の経済危機は、こうした「労働の区分化」段階の蓄積の社会的構造のゆきづまりと再編への過程を促した。D・コッツの *The Rise and Fall of Neoliberal Capitalism* (2015) は、この時期に支配的な政治社会的潮流となった新自由主義が、労資協調から反転して、生産性上昇の成果を労働者に還元せず、非正規の安価で解雇が容易な雇用関係の自由な拡大をすすめ、実質賃金の抑制をもたらし続け、経済格差の拡大をもたらしてきたことを、ＳＳＡ理論にもとづき批判的に総括している。

こうしたＳＳＡ理論による現代資本主義のとくに労使関係の段階的変化をめぐる考察は、レギュラシオン学派の貢献と親近性が強い。「労働の区分化」段階に、外枠としてのケインズ政策にたいし、蓄積の社会的構造が企業内部の労資協調的管理のもとで、高生産性─高賃金の好循環を有効需要面でも生じていたことはＳＳＡ理論でも認められてよいところであろう。広義の新古典派を構成しているケインズ理論にもとづくマクロ経済学とミクロ価格理論との二面について、ＲＴもＳＳＡも新自由主義の基礎とされるミクロ理論には、反労働組合的な発想が強い点で批判し反撥する傾向が強く、ケインズ主義にはマルクス派的な歴史的観点にたちながら、吸収可能な一面を容認する傾向も共有している。その観点から、先進諸国をつうずるマクロ経済統計の長期的収集と分析を重ねた、Ｔ・ピケティの『二一世紀の資本』（二〇一四）における新自由主義の時代における経済格差再拡大の検証とその是正の必要性の主張とそれへの広範な若者世代の反響には、ＲＴ、ＳＳＡの理論家の多くは好意的と思われる。

もっともポスト・ケインズ派の一部が近年提唱している現代貨幣理論（ＭＭＴ）における国

債の増発を中央銀行が買い上げるしくみを、インフレが生じないかぎり大幅に容認する主張と、その好ましい成功事例に日本の財政金融政策があげられていることには、マルクス学派のなかでも賛否が分かれており、賛同しかねるところがたしかにある。

他方、アメリカのラディカル経済学者のなかにはT・メイヤー『アナリティカル・マルクシズム』（瀬戸岡紘監訳、桜井書店、二〇〇五）にも紹介されているように、ミクロの価格理論とその現代的展開をマルクス経済学における階級・搾取理論の基礎として活かせるし、唯物史観の枠組みやそれにもとづく資本主義にかわる市場社会主義のしくみのモデルの高度化にも使えるとみる一群の理論家も影響力を増している。J・E・ローマーはその指導的位置にあり、新古典派が支配的なアメリカ経済学会でも執行部に選ばれている（ローマーについては、『これからの社会主義』伊藤誠訳、青木書店、一九九七、「訳者あとがき」も参照されたい）。このアナリティカル・マルクス派には、柴田敬や置塩信雄の貢献がとうぜん高く評価されている。しかし、『資本論』の経済学の基礎となる労働価値説を置塩は尊重し擁護していたのと異なり、ローマーらは労働価値説を放棄している。

自由主義哲学の重視する個人の自由、公正、配分の問題に正面から取り組むその姿勢は尊重されてよいし、そこに『ベーシック・インカムの哲学』（後藤玲子他訳、勁草書房、二〇〇九）の著者P・ヴァン・パリースや歴史家のR・ブレナーらもこの学派に参加している理由があると思われる。しかし労働価値説については価値論論争と転形問題論争をめぐる多様な論点に学問的検討を重ねたうえでの放棄論となっていないように思われる。労働価値説も均衡化価格論のひとつとしてのみ扱っているのではないか。アナリティカル派の特徴である数理的分析を尊重しつつ、労働価値説を肯定的に取り扱う道はありうるので、この学派のなかでも見解が分かれる可能性はありそうに思われる。その点では吉原直毅ら日本でもこの学派にごく近い有力な研究者が増しているように思われ、その貢献にも期待してゆきたい。

いずれにせよ、これからのマルクス経済学は、『資本論』にもとづく基礎理論の特性とそれを活かした現代資本主義分析や社会主義論に、広義の新古典派経済学との対峙関係からどのような課題や論点を学びとり、批判的に吸収してゆけるかをより広く深く問われ続けてゆくことになるのではなかろうか。

10 エコロジカル社会主義の意義

——いいだもも、R・ポーリン、J・フォスター、斎藤幸平との協力

(1) エコロジカルな危機の深化

この夏〔編集注――二〇二二年〕も六月にははやくも梅雨があけて、とたんに酷暑。台風がやつぎばやに訪れ、異常な雨量をともない大洪水が各地に被害を生じている。過疎化した山林が荒廃しているためか、そのつど各地で山が崩れ大量の土砂と流木が家屋、道路、田畑に被害を広げ、復旧にも困難を増している。

地球温暖化によるエコロジカルな危機の深化を憂慮せざるをえない。日本だけではない。異常な酷暑、降雨、洪水が毎年のように世界各地のニュースとして報じられ続けている。四年ほど前になるか、インドのケララ州コーチ市で資本論出版一五〇周年を記念する国際研究集会がマルクス派の市長の肩入れで企画され、世界各国からマルクス理論家の友人たちも集まる予定となり、九月の日程にあわせ航空券も用意してたのしみにしていたところ、とつぜんの大洪水で中止となってしまった。大規模な被害にあった人びとに深く同情しながら、こうした異常気象が世界で日常化していることも実感した。北極圏の氷床・氷河の溶融が海面をおしあげて、多くの地域とそこでの住民が水没する危険もせまっているともいわれる。

気象庁の資料によれば、地球の上の気温は一八八〇年からの一世紀には〇・八度の上昇にとどまっていたが、二〇世紀末以降加速的に大きく上昇をしてきている。にもかかわらず、温暖化ガスを減少させようとする国際協力は、ことに新自由主義のもとでは実現が困難とされてきた。周知のように一九九七年の国連の京都議定書がその達成にゆきづまり、二〇一五年の気候変動枠組条約第二一回会合（COP21）では今世紀中の地球温暖化を二度以内とする合意があらためて再確認され、さらにそれを一・五度以下にする努力目標も追加された。

こうした目標にむけて、各国が国際的に協力し、風力、ソーラーなどのソフトエネルギー開発につとめ地域社会からのグリーンリカバリー戦略を促進することが求められている。とはいえ、各国ごとの温暖化ガス削減の交渉やその実現は、途上諸国から温暖化ガス排出権を買い取る交渉もふくめ容易にすすんでいない。その結果、現実にはギガトン・ギャップが生じ、三〜四度におよぶ気温上昇が今世紀にさけられないとの予測もある。にもかかわらず、各国の政策努力は、その根本問題を回避して、むしろ温暖化のリスクや打撃に対応する方策に移行しつつあることが懸念されている（古沢、二〇一六）。日本にもその傾向がないか。

こうした状況を背景に、経団連などからも原発は地球温暖化ガスを出さないのでその削減戦略に資する、という主張も再浮上しつつある。しかし、二〇一一年の東日本大震災のおりに原発の過酷事故が福島の自然環境を広範に破壊したようなリスク、使用済み核燃料の後処理の（たとえば汚染水の海洋投棄のような）自然環境に与え続けている大きな負担を考慮すると、脱原発路線こそ未来に向かい自然環境を大切にしてゆくうえで欠かせない方針ではないか。福島原発事故を契機にドイツをはじめ脱原発の基本方針を国民投票などで決定した有力な国も少なくない。

『資本論』にもとづき現代世界の資本主義を自然視する新古典派経済学の狭い視野と対峙して、歴史社会としての資本主義の発展とその内的矛盾の現代的発現に批判的考察を総合的にすすめようとする社会科学としての経済学では、こうしたエコロジカルな危機にもより適切な分析をすすめ、それをのりこえる広義の（社会民主主義をふくむ）社会主義の現代的可能性にも道を開くことができるのではなかろうか。

こうした問題関心につよく惹かれるようになったのは一九七〇年代後半からのいいだももとの協力、交友関係によるところが大きい。最初に引き合わせてくれたのは日高普さんで、鵠沼のいいだ邸訪問に誘ってくれた。広い居間兼用の仕事部屋の大きなデスクの後ろの大きな書棚の目につくところに出版後間もない拙著『信用と恐慌』（一九七三）がさりげなくおいてあってうれしかった。いいださんの若いころからの詩人、小説家、マルクス理論家、思想家、社会運動家としての輝かしく多彩な才能と作品に魅力をおぼえていたためでもある。

その後一九七八年に半年、ニューヨーク大学とニュースクール・フォー・ソシアルリサーチの大学院で講義し帰国した直後に電話で新橋駅近くの喫茶店によびだされた。いま日本でも批判的知性の結集が望まれる。いろいろな研究分野で努力を重ねておられる方々を広く集め、世界と日本の現状に批判的検討をともにすすめ、その考察の基礎としてのマルクスの思想と理論の現代的再生への志も交流させつつ、その一環として季刊誌も発刊したい、協力しませんかという提案であった。そのための出版社や資金のあてはあるのか、編集員にはどのような方を誘うのか、といったことをいくつかきいた。が、まだなにもない、最初に声をかけているのだから、すべてこれからだ、とのことであった。

いいだもも氏と。1988年夏撮影。

一朝一夕で実現できるとは思えない企画なので、どうなるか多少心細く感じてもいた。ところがわずか半年ほどのうちに社会評論社と話をまとめ、編集委員にも各分野一流のかたがたを集め季刊誌の発刊とそれをめぐる連帯交流の組織をたちあげるにいたる。その手ぎわの良さは、シルクハットから鳩をとりだす手品のようで、あきれつつ感心するばかりであった。こうして『季刊クライシス』が一九七九年に誕生した。誌名は森田桐郎さんの提案で、もともと重篤な病が死に至るか回復に向かうかの岐路を意味していた古代ギリシャ以来のクライシスという用語が、世界と日本の危機＝岐路の批判的解明にむかう協同作業にふさわしいと一同が納得した。

この雑誌を基礎とする研究交流の運動のなかでいいださんが重視していた分野のひとつが高木仁三郎、柴谷篤弘、中山茂の諸氏をリーダー格とする科学技術批判の領域であった。資本主義の発達に促された科学と技術の発展は、人間とエコロジカルな自然環境に荒廃化をもたらすリスクも増大させてきてはいないか。遺伝子工学についての柴谷さんの憂慮や原発などの核技術の危険についての高木さんの研究、化石燃料多消費型産業構造による地球温暖化問題についての中山さんの批判的見解など、いずれも啓発されるところが少なくなかった。そこで日本でも赤と緑の合流がぜひ必要だということになり、いいださんの発案で集会やデモにも持って行ける『季刊クライシス』の赤と緑の旗をつくったりしていた。

その間、一九八三年のマルクス没後一〇〇年の記念特集『季刊クライシス』一四号は十指にあまるその年の各誌のマルクス特集のさきがけとなりほぼ完売した。同時にマルクス・センテニアル連続討論集会も、講師一〇名の協力のもとに三度にわたり延べ五〇〇名の参加者をえて、活気あふれる集会となった。その締めくくりとした九段会館でのマルクス没後一〇〇年の記念集会は加藤周一さんと都留重人さんがこころよく講演をしてくださって、これも満員の大集会となった。

この年に、私が講師となって『資本論』読書会も『季刊クライシス』の九段下の事務所ではじめた。定員四〇名の予定にその倍の参加者があり、急遽二つの班に分けて進行させることとなり、たしか三年くらいで全三巻をごいっしょに読みとおした。いいださんも全会出席し、参加者のなかにはその後立派な研究書を書かれた方もいて質疑もたのしめた。

『季刊クライシス』の一〇年の後も、続いて『月刊フォーラム』、『アソシエ』、『変革のアソシエ』と各一〇年、あわせて四〇年雑誌の企画、編集、研究、討論集会、関連した書籍の企画や共編などいいださんとの親交が続いた。まれに見る博覧強記、あふれる文才、広い分野にわたる高い水準での知的活力、まさに鬼才といえるいいださんがいると、どの会合も知的サロンのおもむきをおびた。二〇一一年三月に逝去されたが、その志を忘れることはできない。マルクスの思想と理論を現代に活かし、エコロジカルな自然環境と人間の荒廃の危機を批判的に解明し、それをのりこえる現代的方途をさらに探ってゆきたい。

(2) グリーンリカバリー戦略

地球温暖化のもたらす広範な気象変動の危機にどのような対策が必要とされているか。市場原理主義による新自由主義のもとで、社会的規制から競争的企業の利潤追求活動を解放する傾向のもとでは、金融の肥大化と投機的バブルとその崩壊の打撃に関心が集められ、エコロジカルな自然環境の荒廃の危機に政策的配慮が向けられることがほとんどなかった。

しかし、新自由主義的市場原理主義と金融化を世界的に推進し続けたアメリカ資本主義の内部に、二〇〇七〜〇八年のサブプライム恐慌が自己崩壊的に生じ、その打撃が一九二九年以降の大恐慌を想起させる世界恐慌に拡大深化するなかで、政策潮流に大きな変化が生ずる。二〇〇九年に誕生したB・オバマ大統領のもとで、ニュー・ニューディールといわれる一連の社会民主主義的政策が経済生活の安定化政策として試みられ、新たな国民健康保険制度とともに、グリーンリカバリー戦略といわれる構想が、重要な政策方針とされたからである。この戦略構想はかつてのニューディールにもみられないまさに現代的経済回復政策といえる。その重要な支えとなったのが、マサチューセッツ大学アマースト校政治経済研究所でR・ポーリンら(Pollin,et al., 2008)がとりまとめた報告書であった。

その報告書によると、二酸化炭素(CO_2)の排出を削減し、持続可能な経済生活の基礎としての自然環境を次の世代に残してゆかなければならない。エネルギー節約の観点からも地産地消的流通・生活への再編をすすめ、ソフトエネルギーパスとしての多様なエネルギー源の開発を促進すべきである。多元的に供給される電力のスマートグリッドによる流通網も整備しなければならない。地域ごとの公共建物からはじめて、ビルや住まいのエネルギー効率改善にむけた二重ガラス窓への改装への公的支援も求められる。個人乗用車の利用を削減するために公共交通再拡充も必要とされる。このような産業政策によれば、同じ金額でも、従来型の公共事業への財政支出にくらべ、多様で大きな雇用が期待できる。そのことは、実際の統計数値にもとづく経済モデルでの試算によっても確かめられる。

こうしたグリーンリカバリー戦略の構想は、同じ年に日本にも誕生した民主党政権のもとでのエコポイント制にも影響を与えていた。もっともエコポイント制は短期の経済回復策に重点をおき、グリーンリカバリー戦略構想にくらべ、産業政策としての長期的で規模の大きい体系的な理論と分析にもとづいていたとは思えない。同時に試みられた子ども手当とともに、エコポイント制も多くの人びとに支持されて、翌二〇一〇年にかけて、二〇〇八年の実質経済成長率マイナス三・七%からプラス三・四%へ、七・一%幅での景気回復に貢献はしていたが、経済危機鎮静とともに時限立法として更新されず、子ども手当もおし戻されている。

日本の野党も与党に対抗する共闘をすすめるさいに、その政策方針の基礎に、政治経済学の理論と分析をどのように活かしてゆけるか、研究者との協力関係をどのように活かしてゆけるか、政治経済学の研究者の側にもそれにどのように応じてゆけるか。エコロジカルな自然環境の危機の問題に絞ってみても、欧米諸国での事例にくらべ、現代の日本では学者と政治家のあいだに距離感が大きいのではなかろうか。

オバマ政権のためにグリーンリカバリー戦略の構想をとりまとめたR・ポーリンには、二〇一九年のフランス、リール市での政治経済学国際コンファレンスでひさしぶりに再会した。会場がわかりにくく建物のそとで迷っていたら、声をかけてくれたのである。こちらは覚えていなかったのであるが、ニュースクール・フォー・ソシアルリサーチの大学院での一九七八年の講義に出ていましたとのことで、そういわれれば当時の若い面影も想起されてうれしくなった。グリーンリカバリー戦略の報告書は読んで重要な提言と思った。地産地消のソフトエネルギー開発の構想など賛同していると述べた。ポーリンはよろこんでくれたが、国際協力を、二酸化炭素の地下固定化など大規模な気象対策の企画や構想もふくめ、並行してすすめたいとも述べていた。

オバマ政権からバイデン政権へニュー・ニューディールの社会民主主義的構想がひきつがれ、グリーンリカバリー戦略も大切にされていることは、トランプ政権が国家主義的アメリカファーストの観点でCOP21でのパリ協定から一方的に脱退した方針を、バイデン政権が発足と同時に是正し取り消したことでもわかる。とはいえ、大学教育の個人負担の軽減、無償化やグリーンリカバリー戦略など、サンダース派をはじめ若者世代が強く期待していたニュー・ニューディール政策はその後あまりはかばかしく進捗していない。若者世代には失望感も広がっている。

ひとつにはかつてのニューディール政策においてその支持基盤強化の観点からも重要な柱とされていたワグナー法による労働組合の結成と交渉権の保障のような、労働者の相互扶助、連帯運動の現代的な多様な試みや組織活動への政策的保護や支援の政策が、オバマ政権以来のニュー・ニューディールには不足しているのではなかろうか。加えてバイデン政権にはウクライナ戦争に停戦、平和をもたらす国連中心での外交努力が不足していないか。発端のNATOの東方拡大を容認し、ウクライナへの軍事支援、ロシアへの経済制裁のみで、トランプ政権以降の対中強硬路線も容易に緩和しえず、中国を巻き込んでの和平への国際協調や国際世論形成にあまりとりくんでいない。その点では安倍政権から菅政権を経て岸田内閣にいたる日本の外交姿勢もアメリカの要請に応じ、沖縄の辺野古基地建設を地元住民の強い反対を押し切り強行し、さらに南西諸島（琉球弧）へのミサイル基地配備もすすめつつ、従前のシーリングをはるかにこえる防衛費の増強を続け、平和憲法を活かした国際的役割を果たしているとはとてもいえない。

こうした戦争の継続やそれにともなう軍事的国際緊張の強化は、アメリカ産業にとって国際的にいまなお卓越した競争力を保持している軍事産業をめぐる産軍複合体制の利害には望ましいにちがいないが、世界の若者世代が深く憂慮し是正を望んでいる、エコロジカルな自然環境の破壊的荒廃を直接間接にいっそう促進することとなる。グリーンリカバリー戦略にあてるべき公的資金を大きく制約する作用も大きい。そのような戦争の犠牲や費用とその反エコロジー作用との相反関係に統計数理的分析がすすめられるならば、反戦平和運動とエコロジー運動との双方にともに資するところの大きい研究となるにちがいない。どこかですでにそのような分析もすすめられている可能性もある。気づかれた方は教えていただきたい。

(3) エコロジカルマルクス派との協力

エコロジストのなかには、マルクスの思想と理論の根底に自然環境の制約は、科学技術の進歩にともなう生産力の発展により、一時的にはともかく結局は克服され解決されてゆくものとみなす、プロメテウス主義がおかれていて、唯物史観の定式にもそれが読みとれるのではないか、と解釈し、その観点からマルクス学派にはエコロジカルな危機へのとりくみに方法論上の制約ないし不備があるのではないか、と批判する傾向がみられた。その批判は、マルクス主義を代表しているとみなされていたソ連型社会主義の偏った生産力主義やそれにもとづく重工業化がもたらしたバイカル湖の大汚染による鳥も鳴かない沈黙の春、あるいはチェルノブイリ原発事故（一九八六）などのような大規模な自然環境破壊へのソ連マルクス派の無反省な接し方にも裏づけられていたように思える。

とはいえ、ソ連マルクス派に批判的に対峙してきた世界と日本のマルクス学派のなかからは、『資本論』に結集されるマルクスの豊かで深い思索にこそ、むしろ現代世界のエコロジカルな危機の考察の基礎として大切に役立てるべき理論と分析が読みとれることをあきらかにし、その現代的適用をすすめるエコロジカルマルクス派としての研究も積み重ねられてきている。

日本でいいだももをはじめとする仲間とともに『季刊クライシス』で、われわれが現代的なエコロジカルな危機にソ連型マルクス主義とは異なる観点から、新たなマルクス学派としての批判的検討をすすめていたころに、アメリカでもエコロジカルマルクス派の新たな試みが推進されていた。その代表的理論家のひとりがJ・B・フォスター（一九五三〜）であった。カナダのヨーク大学の大学院で学び、アメリカにもどりオレゴン大学で教職についた若いころからP・スウィージーに協力し、『マンスリー・レビュー』の編集者となるとともに、著書*Marx's Ecology: Materialism and Nature*（2000）に結集される一連の論稿において、マルクスの著作や草稿を丹念に研究し、資本主義の発展が人間と自然にともに荒廃化をもたらすことにいかにマルクスの考察が深められていったかをあきらかにしている。

たとえば、『資本論』の第一巻第一三章「機械と大工業」の第一〇節「大工業と農業」では、まず耕地の拡大に制約があるかぎり、農業での機械の使用による生産性の上昇は、農業労働者の過剰化に強く作用することが指摘される。ついで、リービッヒの農学研究などにもとづき、

「資本主義的生産は、それによって大中心地に集積される都市人口がますます優勢になるにつれて、一方では社会の歴史的動力を集積するが、他方では人間と土地とのあいだの物質代謝を撹乱する。すなわち、人間が食料や衣料の形で消費する土壌成分が土地に返ることを、つまり土壌の豊饒性の持続の永久的自然条件を、撹乱する。したがってまた同時に、それは都市労働者の肉体的健康をも農村労働者の精神生活をも破壊する」(②四六五ページ)と述べている。資本主義のもとでの工業と農業、都市と農村の社会的分化、分業が、人間と土地のあいだの物質代謝関係を破壊し、土地の豊饒性を失わせ、都市と農村の労働者に肉体的、精神的健康障害をもたらす傾向に深い憂慮を示しているのである。

フォスターは、こうしたマルクスの考察を、一九八〇年代以降、協力して検討を加えてきたロードアイランド大学教授のP・バーケット(1999)とともに、「物質代謝の亀裂(rift)」論と規定するとともに、そこに現代のグローバルな環境危機の批判的解明にとっても、重要な分析の基準が提示されているとみている。それははからずも日本で『季刊クライシス』などでわれわれが推進しようとしていた企図と重なりあい共鳴していた。

二〇一八年の春に、それまで直接の接触のおりがなかったフォスターから懇切なメールがとどいた。ある出版社から拙著 *Value and Crisis*(1980)の補充再版の希望がよせられ、初版出版元のマンスリーレビュー(MR)社に他社で再版を企画することに異論がないか確かめてほしいといわれ、問い合わせたさいに、懇切な返信をくれたのである。そこでは、ほぼつぎのような主旨が述べられていた。スウィージーやマグドフの後を継いだＭＲの編集者のなかでもあなたを大切に思っている人が多い。この*Value and Crisis*はいまや古典的な作品で、自分の知的発達にも大きな役割を果たしてくれた。当時までのマルクス恐慌論についての最良の著書のひとつといえる。その拡充再版の企画はよろこばしい。もしＭＲにもその出版の可能性があるならその内容案とあわせ歓迎したい。

この返信での要請には志をともにする研究者仲間として断わりにくい感があった。そこで、補充を考えていた論文からの選択の相談にもフォスターにのってもらい、初版からちょうど四〇年の二〇二〇年に再版がＭＲから企画された〔編集注――実際の出版は二〇二一年〕。初版は英語版からフランス語、オランダ語、韓国語、中国語にも翻訳されていたが、日本語版はなかった。再版は日本語版も出版しておきたいと考えている〔編集注――二〇二四年春に岩波書店より出版予定〕。

こうした研究上の協力、交流がフォスターとのあいだにすすんでいた時期に、斎藤幸平氏が、フォスターとバーケットのマルクス派エコロジストとしての研究を継承しつつ深化、拡充して、ドイツでフンボルト大学に提出した博士論文の英語版*Marx's Ecosocialism*（2017）をＭＲから出版し、それによって二〇一八年に日本人初、史上最年少でのアイザック・ドイッチャー賞を受賞する過程も進行していた。この著書の日本語版が『大洪水の前に』(二〇一九)である。

その前後からおつきあいがはじまり、この日本語版については経済学史学会からの依頼で『経済学史研究』(62-2)に書評(二〇二一)も書いている。そこで述べたように、この著作で斎藤氏はマルクスのエコロジー論の形成、深化の全過程を、最近のマルクス・エンゲルス大全集(MEGA)により、マルクスの草稿や抜粋ノートまで丹念に検討し、とくに『資本論』以降の晩年のノートから、リービッヒと対立していたC・フラースによる古代都市の周辺森林伐採による砂漠化による気象危機論へのマルクスの関心の深化に、現代につうずる大規模なエコロジカルな自然環境破壊に通底する批判的考察が読みとれることを発見している。その研究成果を高く評価しつつ、つぎのような課題も指摘しておいた。

まず、学説史のうえで、リカードやマルサスの人口法則論や土地の収穫逓減の自然法則に対峙し、それらを批判的にのりこえていたマルクスの思想と理論の全体の枠組みとの関連のなかで、そのようなマルクスのエコロジカルな危機論がどのように体系的に再整理され位置づけられることになるのか。さらに、本書が関心をよせている哲学、思想史、自然諸科学へのマルクスの広く深い考究を継承しつつ、資本主義の世界史的発展段階や現状分析の研究次元において、資本主義の発展変化にともなう、自然との物質代謝の素材的内容における亀裂や自然破壊の危機が、公害やエコロジカルな危機としてどのような具体的様相の変化をともない、資本主義自体の危機として展開されてきたか。広く協力してともにさらに追究すべき重要な具体的研究課題が残されていることも示唆されているのではなかろうか。

この著書をもとにポピュラーな筆致でまとめた『人新世の『資本論』』（二〇二〇）は四〇万部をこえるベストセラーとなり、マルクス経済学にひさびさに日本の読者、世論を大きくひきよせる役割を果たしてくれている。二〇二二年には斎藤氏は大阪市立大学から東京大学に移り、協力もいっそう容易となったように思われ、よろこんでいる。

そのエコロジカルな危機論は、その克服の方途として、脱成長コミュニズムを標榜し、労働者協同組合の成長、市民の地域社会における自発的ソフトエネルギー開発、富の共同管理の拡大をつうずる資本主義の止揚を重視している点でも現代的で賛同できるところが少なくない。とはいえ、そのさいポーリンらがその可能性を重視している、ニュー・ニューディールの社会民主主義的代替路線の重要な内容とされているグリーンリカバリー戦略は、人民のアヘンとして拒否されるべきか、あるいは日本での野党共闘にとっても重要な柱のひとつとして、新たなコミュニズムにいたるステップになりうるのか。この点もおそらくは現状分析としての現代資本主義の多重危機の重要な一環としてのエコロジカルな危機のさらに具体的解明をすすめるなかで、ともに協力して検討してゆきたい大切な問題のひとつではないかと思っている。

文献一覧

＊文献は本文に登場するものを章ごとに五十音順、アルファベット順に記載した。
＊外国語文献で本文に邦訳文献のみが登場する場合は邦訳文献の情報を記載した。外国語文献のみの場合、邦訳文献があるものは（　）に入れてその情報を付した。また本文に書名のみなどの記載しかない場合は代表的な邦訳書を記載した。
＊本文に登場する雑誌・論文は記載していない。
＊第10章のみ、初出掲載時に著者による参考文献が付されていたため、本書に登場しない文献も記載されている。著者による参考文献には◎のマークを末尾に付した。

本書全体

Marx, K., *Das Kapital*, Band I,II,III, in *Marx-Engels Werke*, Bd.23, 24, 25, 1867, 1885, 1894.（K・マルクス、岡崎次郎訳『資本論』①〜⑨国民文庫、一九七二〜七五年）

第1章

相原茂『蓄積と恐慌』角川書店、一九四九年
伊藤誠『経済学からなにを学ぶか』平凡社新書、二〇一五年
宇野弘蔵編『経済学』上・下、角川書店、一九五六年
K・カウツキー『農業問題』向坂逸郎訳、岩波書店、一九四六年
H・グロースマン『資本の蓄積並に崩壊の理論』有沢広巳他訳、改造社、一九三二年
J・シュタインドル『アメリカ資本主義の成熟と停滞』宮崎義一他訳、日本評論新社、一九六二年
城塚登『社会主義思想の成立――若きマルクスの歩み』弘文堂、一九五五年
侘美光彦『世界大恐慌』御茶の水書房、一九九四年
玉野井芳郎編『大恐慌の研究』東京大学出版会、一九六四年
塚本健『ナチス経済』東京大学出版会、一九六四年
L・トロツキー『裏切られた革命』山西英一訳、論争社、一九五九年
K・ポラニー『大転換』吉沢英成他訳、東洋経済新報社、一九七五年

K・マルクス『剰余価値学説史』（マルクス＝エンゲルス全集第26巻、大月書店）
吉冨勝『アメリカの大恐慌』日本評論社、一九六五年
B・ラッセル『原子力時代に生きて』英宝社、一九五四年
W・W・ロストウ『経済成長の諸段階』木村健康他訳、ダイヤモンド社、一九六一年
J・ロビンソン『ケインズ一般理論入門』沖中恒幸他訳、巌松堂書店、一九四七年
Mannheim, K., *Ideologie und Utopie*, 1929.（K・マンハイム、鈴木二郎訳『イデオロギーとユートピア』未来社など）

第2章

伊藤誠『信用と恐慌』東京大学出版会、一九七三年
岩田弘『世界資本主義』未來社、一九六四年
宇野弘蔵『経済原論』上・下、岩波書店、一九五〇年、一九五二年
宇野弘蔵『恐慌論』岩波書店、一九五三年、岩波文庫、二〇一〇年
宇野弘蔵『経済学方法論』（経済学体系第一巻）、東京大学出版会、一九六二年
宇野弘蔵『経済政策論　改訂版』弘文堂、一九七一年
久留間鮫造『マルクス恐慌論研究』北隆館、一九四九年
斎藤幸平『大洪水の前に――マルクスと惑星の物質代謝』堀之内出版、二〇一九年
向坂逸郎編『マルクスの批判と反批判』新潮社、一九五八年
シスモンディ『経済学新原理』上・下、菅間正朔訳、日本評論社、一九四九年、一九五〇年
P・スウィージー『資本主義発展の理論』都留重人訳、新評論、一九六七年
鈴木鴻一郎『マルクス経済学』弘文堂、一九五五年
鈴木鴻一郎『続マルクス経済学』弘文堂、一九五九年
鈴木鴻一郎『価値論論争』青木書店、一九五九年
鈴木鴻一郎編『経済学原理論』上・下（経済学体系第二巻・第三巻）、東京大学出版会、一九六〇年、一九六二年
鈴木鴻一郎編『帝国主義研究』日本評論社、一九六四年
D・ハーヴェイ『資本の〈謎〉』森田成也他訳、作品社、二〇一二年
T・ピケティ『二一世紀の資本』山形浩生他訳、みすず書房、二〇一四年

K・マルクス『経済学批判』武田隆夫他訳、岩波文庫、一九五六年
K・マルクス『経済学批判要綱』(『マルクス資本論草稿集 1857-58年の経済学草稿』1・2、資本論草稿翻訳委員会訳、大月書店、一九八一年、一九九三年)
K・マルクス『剰余価値学説史』(マルクス＝エンゲルス全集第26巻、大月書店)
マルサス『経済学原理』小林時三郎訳、岩波文庫、一九六八年
J・ロビンソン『マルクス経済学』戸田武雄他訳、有斐閣、一九五一年
Gillman, J. M., *The Falling Rate of Profit*, Dennis Dobson, 1957.

第3章

遊部久蔵他編『恐慌・資本論以後』(資本論講座第七巻)、青木書店、一九六四年
石渡貞雄『農民分解論』有斐閣、一九五五年
宇野弘蔵『経済原論』岩波全書、一九六四年、岩波文庫、二〇一六年
大島清＋加藤俊彦＋大内力他編『日本資本主義の農業問題』日本評論社、一九四八年
大内力『日本資本主義の農業問題』『日本資本主義の成立・発展・没落』全一三巻、東京大学出版会、一九五四〜六九年
大内力『日本農業の財政学』東京大学出版部、一九五〇年
大内力『農業問題』岩波全書、一九五一年
大内力『農業恐慌』有斐閣、一九五四年
大内力『地代と土地所有』東京大学出版会、一九五八年
大内力『日本経済論』上・下、東京大学出版会、一九六二年、一九六三年
大内力『国家独占資本主義』東京大学出版会、一九七〇年
大内力『信用と銀行資本』東京大学出版会、一九七八年
大内力『大内力経済学体系』全八巻、東京大学出版会、一九八〇〜二〇〇九年
玉野井芳郎編『大恐慌の研究』東京大学出版会、一九六四年
日高普『地代論研究』時潮社、一九六二年
ヘーゲル『法の哲学』上・下、上妻精他訳、岩波文庫、二〇二一年
レーニン『帝国主義論』青野季吉訳、希望閣、一九二四年

レーニン『ロシアにおける資本主義の発展』上・下、大山岩雄他訳、岩波文庫、一九三六年
レーニン『一九〇五～一九〇七年の第一次ロシア革命における社会民主党の農業綱領』（『レーニン全集第一三巻』大月書店、一九八五年）
渡辺寛『レーニンの農業理論』御茶の水書房、一九六三年

第4章

伊藤誠『信用と恐慌』東京大学出版会、一九七三年
伊藤誠『逆流する資本主義――世界経済危機と日本』東洋経済新報社、一九九〇年
宇野弘蔵『経済政策論』上、弘文社、一九三六年
宇野弘蔵『価値論』河出書房、一九四七年
宇野弘蔵『恐慌論』岩波書店、一九五三年、岩波文庫、二〇一〇年
宇野弘蔵『経済政策論』弘文社、一九五四年、改訂版一九七一年
宇野弘蔵『経済原論』岩波全書、一九六四年、岩波文庫、二〇一六年
大内力『国家独占資本主義』東京大学出版会、一九七〇年
大塚金之助＋野呂栄太郎＋平野義太郎＋山田盛太郎編『日本資本主義発達史講座』全七巻、岩波書店、一九三二～三三年
『マルクス・エンゲルス全集』全二七巻、改造社、一九二七～三三年

第5章

伊藤誠『信用と恐慌』東京大学出版会、一九七三年
伊藤誠『資本論研究の世界』新評論、一九七七年
伊藤誠『価値と資本の理論』岩波書店、一九八一年
伊藤誠＋櫻井毅＋山口重克編・監訳『欧米マルクス経済学の新展開』東洋経済新報社、一九七八年
宇野弘蔵『恐慌論』岩波書店、一九五三年、岩波文庫、二〇一〇年
置塩信雄『マルクス経済学』Ⅱ、筑摩書房、一九八七年
グラムシ『グラムシ獄中ノート』石堂清倫訳、三一書房、一九七八年

P・スウィージー『資本主義発展の理論』都留重人訳、新評論、一九六七年
鈴木鴻一郎編『経済学原理論』上・下（経済学体系第二巻・第三巻）、東京大学出版会、一九六〇年、一九六二年
P・スラッファ『商品による商品の生産』菱山泉他訳、有斐閣、一九六二年
M・ドッブ『価値と分配の理論』岸本重陳訳、新評論、一九七六年
K・マルクス『経済学批判要綱』（『マルクス資本論草稿集 1857-58年の経済学草稿』1・2、資本論草稿翻訳委員会訳、大月書店、一九八一年、一九九三年）
K・マルクス『剰余価値学説史』（マルクス＝エンゲルス全集第26巻、大月書店）
B・ローソン『現代資本主義の論理——対立抗争とインフレーション』藤川昌弘他訳、新地書房、一九八三年
Desai, M., *Marxian Economic Theory Lectures in Economics*, Gray-Mills Pub., 1974.
Morishima, M., *Marx's Economics: a Dual Theory of Value and Growth*, Cambridge University Press, 1973.

第6章

伊藤誠『信用と恐慌』東京大学出版会、一九七三年
宇野弘蔵『恐慌論』岩波書店、一九五三年、岩波文庫、二〇一〇年
D・ハーヴェイ『空間編成の経済理論』松石勝彦他訳、大明堂、一九八九年
D・ハーヴェイ『都市の資本論——都市空間形成の歴史と理論』青木書店、一九九一年
D・ハーヴェイ『新自由主義』渡辺治監訳、作品社、二〇一〇年
D・ハーヴェイ『〈資本論〉入門』森田成也他訳、作品社、二〇一一年
D・ハーヴェイ『経済的理性の狂気』大屋定晴訳、作品社、二〇一九年
マルクス　エンゲルス『共産党宣言』大内兵衛他訳、岩波文庫、一九五一年
Glyn, A. and Sutcliffe, R., *British Capitalism, Workers and the Profit Squeeze*, Penguin Books Ltd., 1972.（A・グリン＋B・サトクリフ『賃上げと資本主義の危機』平井規之訳、ダイヤモンド社、一九七五年）
Itoh, M., *The World Economic Crisis and Japanese Capitalism*, Palgrave Macmillan, 1990.
Armstrong, P., Glyn, A. and Harrison, J., *Capitalism since 1945*, Blackwell Pub, 1991.

第7章
伊藤誠『現代の社会主義』講談社学術文庫、一九九二年
伊藤誠『市場経済と社会主義』平凡社、一九九五年
大谷禎之介＋大西広＋山口正之編『ソ連の「社会主義」とは何だったのか』大月書店、一九九六年
J・シュタインドル『アメリカ資本主義の成熟と停滞』宮崎義一他訳、日本評論新社、一九六二年
P・スウィージー『社会主義』野々村一雄訳、岩波書店、一九五一年
P・スウィージー『資本主義発展の理論』都留重人訳、新評論、一九六七年
P・スウィージー『革命後の社会』伊藤誠訳、TBSブリタニカ、一九八〇年
P・スウィージー『革命後の社会』伊藤誠訳、社会評論社、一九九〇年
スターリン『ソ同盟における社会主義の経済的諸問題』飯田貫一訳、国民文庫、一九五三年
瀬能繁『「社会主義化」するアメリカ』日本経済新聞社出版、二〇二一年
P・バラン＋P・スウィージー『独占資本――アメリカの経済・社会秩序にかんする試論』小原敬士訳、岩波書店、一九六七年
W・ブルス『社会主義経済の機能モデル』鶴岡重成訳、合同出版、一九七一年
C・ベトレーム『ソ連の階級闘争 1917-1923』高橋武雄他訳、第三書館、一九八七年
D・ラヴォア『社会主義経済計算論争再考』吉田靖彦訳、青山社、一九九九年
J・ローマー『これからの社会主義』伊藤誠訳、青木書店、一九九七年
Kotz, David M., *The Rise and Fall of Neoliberal Capitalism*, Harvard University Press, 2015.
Itoh, M., *Value and Crisis: Essays on Marxian Economics in Japan*, second edition, Monthly Review Press, 2021.

第8章
伊藤誠＋C・ラパヴィツァス『貨幣・金融の政治経済学』岩波書店、二〇〇二年
伊藤誠『幻滅の資本主義』大月書店、二〇〇六年
伊藤誠『サブプライムから世界恐慌へ』青土社、二〇〇九年
J・M・ケインズ『雇用、利子、および貨幣の一般理論』上・下、間宮陽介訳、岩波文庫、二〇〇八年
J・ステュアート『経済学原理』1～3、中野正訳、岩波文庫、一九六七～八〇年（本文内ではJ・スチュアート『経

済学原理』）
Dymski, Gary A. and Isenberg, D. eds., *Seeking Shelter on the Pacific Rim : Financial Globalization, Social Change, and the Housing*, Routledge, 2002.
Lapavitsas, C., *Social Foundations of Markets, Money and Credit*, Routledge, 2003.
Lapavitsas, C. ed., *Financialisation in Crisis*, Brill, 2012.

第9章

M・アグリエッタ『資本主義のレギュラシオン理論』若森章孝訳、大村書店、一九八九年
井汲卓一編『国家独占資本主義』大月書店、一九五八年
伊藤誠『世界経済のなかの日本』社会評論社、一九八八年
P・ヴァン・パリース『ベーシック・インカムの哲学』後藤玲子他訳、勁草書房、二〇〇九年
大内力『国家独占資本主義』東京大学出版会、一九七〇年
置塩信雄『現代資本主義分析の課題』岩波書店、一九八〇年
置塩信雄＋伊藤誠『経済理論と現代資本主義――ノート交換による討論』岩波書店、一九八七年
北原勇＋伊藤誠＋山田鋭夫『現代資本主義をどう視るか』青木書店、一九九七年
D・M・ゴードン＋M・ライク＋R・エドワーズ『アメリカ資本主義と労働――蓄積の社会的構造』河村哲二他訳、東洋経済新報社、一九九〇年
P・スラッファ『商品による商品の生産』菱山泉他訳、有斐閣、一九六二年
T・ピケティ『二一世紀の資本』山形浩生他訳、みすず書房、二〇一四年
H・ブレイヴァマン『労働と独占資本』富沢賢治訳、岩波書店、一九七八年
T・メイヤー『アナリティカル・マルクシズム』瀬戸岡紘監訳、桜井書店、二〇〇五年
J・ローマー『これからの社会主義』伊藤誠訳、青木書店、一九九七年
Kotz, David M., *The Rise and Fall of Neoliberal Capitalism*, Harvard University Press, 2015.
Itoh, M., *The Basic Theory of Capitalism: The Forms and Substance of the Capitalist Economy*, Macmillan Press, 1988.

第10章

いいだももさんを偲ぶ会編『鬼才いいだもも』論創社、二〇一二年◎

伊藤誠『信用と恐慌』東京大学出版会、一九七三年

斎藤幸平『大洪水の前に――マルクスと惑星の物質代謝』堀之内出版、二〇一九年

斎藤幸平『人新世の『資本論』』集英社新書、二〇二〇年

古沢広祐「エコロジー危機と現代社会」唯物論研究協会編『文化が紡ぐ抵抗／抵抗が鍛える文化』大月書店、二〇一六年◎

Burkett, P., *Marx and Nature*, Haymarket Books, 1999.

Foster, J. B., *Marx's Ecology: Materialism and Nature*, Monthly Review Press, 2000.（渡辺景子訳『マルクスのエコロジー』こぶし書房、二〇〇四年）◎

Itoh, M., *Value and Crisis*, Monthly Review Press, 1980, 2021.

Pollin, R., H. Garret-Peltier, J. Heintz and H. Sharber, *Green Recovery: A Program to Create Good Jobs and Start Building a Low-Carbon Economy*. Amherst: PERI, 2008. ◎

あとがき

伊藤（中馬）祥子

何年前のことだったか、伊藤が幼少期に疎開をしていた外房の旧浪花村へ行き、彼が機銃掃射を受けたという浪花小学校への道を共に歩いたことがある。米軍機のパイロットの顔がはっきり見えるほど機体は高度を下げ、登校中の子どもたちの隊列からほんの少し外れた地点を目がけて機銃掃射を行った。弾丸や石、土などが飛び跳ねる中で恐怖に慄きながら伊藤が機体を見上げると、パイロットは下を眺めて笑っていた。田畑と山に挟まれたのどかな一本道を私と並んでゆっくりと歩きながら、身振り手振りを交えて話していた伊藤の姿は今でも忘れられない。

本書の「あとがき」を書くよう依頼された時、真っ先に私の頭に浮かんだのが浪花でのこの光景だった。そして、その時の様子を思い出すことを通して、生前の伊藤が一貫して大切にしてきた「平和」や「民主主義」といった言葉が、彼にとって単なる概念ではなく、極めて重いリアリティを持つものであったことに、あらためて気づかされた。

晩年の伊藤は、しばしば私に「政治的な民主主義はまがりなりにも「一人一票」という形で制度化されているのに、なぜ人は、経済的民主主義を通して人々の間の平等を追求しないのだろう?」という疑問を投げかけていた。人々が生き、生活をしていく上で不可欠な財やサービスをいかに生み出し、分配するか。その基本的な仕組みそのものをより平等なものにしていくことは、経済活動が生み出す不平等を政治的な再分配を通して平準化することと比べても、同等ないしはそれ以上に根本的で大切なことではないか。おそらく伊藤は、極めてシンプルにそう言いたかったのだろう。

むろん、何をもって経済的民主主義とするかはいたって論争的な問いであり、この短いあとがきの中で展開できるようなものではない。ここでは、おそらく伊藤が前提していたであろう生産手段の民主的共有に基づく労働者間の平等と、社会における剰余生産物の民主的活用・消費・蓄蔵といったことを経済的民主主義の軸とすることをとりあえず想定し、話を先に進めることとしたい。

経済的民主主義をめぐる伊藤の問いかけを意識しつつあらためて本書の内容を振り返ると、彼の宇野派マルクス経済学者としての思索の展開過程にも、一貫して経済的民主主義に対する希求と、そうした規範意識を「導きの糸」とした資本主義経済批判を読み取ることができる。そして、その際に軸となる概念(少なくともその一つ)が、宇野学派の基本テーゼである「労働力商品化の無理」である。私はマルクス経済学の専門家ではないので、伊藤が展開した議論の全体像を論じることはできない。あくまでも門外の人間が理解し得る範囲での一面的見解であることをあらかじめおことわりせねばならないが、恐慌論、価値論、社会主義論など、本書でもふれられている様々なテーマへの取り組みを通して、伊藤は常に、一人ひとりの生身の人間の主体的な成長過程を通じて形成される労働能力が、商品として資本の自己増殖過程に投入・利用されることの問題点を明らかにし、そうした問題を乗り越えて、人々が主体的に成長した成果を、自らも喜び、楽しみながら、社会への貢献という形で発揮し合えるような社会経済の構成原理を問おうとしていたように思う。

例えば、伊藤がプロの研究者として歩み始めつつあった時期に恐慌論を研究テーマとして選び、生涯、自身にとっての中心的課題として論じ続けた理由の一つは、資本主義経済が「資本蓄積を動因としつつ、自己破壊的恐慌を反復」（本書一七ページ）し、その度に多くの働く人々の生活を破綻の危機に晒す、そのメカニズムを解明したいというものであった。現実の恐慌分析においては、商品として計画的に生産し得ない、生きた人間の能力である労働力が内包する供給制約に起因する賃金上昇説的資本過剰論、すなわち宇野『恐慌論』の基本的な特徴を踏襲・発展させた一九七〇年代恐慌の分析もあれば、実体経済によって吸収しきれない過剰資本が、金融部門での利益を求めてサブプライム層の労働者に対してまで攻撃的貸付を拡大させた結果として生じた二〇〇七〜〇八年の世界恐慌の分析もあった。しかし、いずれの恐慌分析も、資本が生身の人間を利潤獲得の道具として利用することの無理に焦点が当てられていた。

特に後者に関して伊藤は、「労働力の金融化」（本書一五六ページ）という、いささか分かりにくい表現を使い、商品生産過程で剰余価値生産を担う労働者の賃金が金融部門での利潤獲得の手段とされ、過剰資本による第二段階の搾取・収奪の対象となっていく状況を批判した。二〇〇七〜〇八年の恐慌は一般に「世界金融危機」と呼ばれることが多いが、伊藤は一貫して「サブプライム恐慌」という表現を使い続けた。理由を聞いたことはなかったが、おそらく伊藤は、この表現を通して、働く人々の搾取・収奪構造が、金融化資本主義の下で二重化されていく現実を批判したかったのかと、本書を読み返してあらためて思い至った。

価値論に関しては、経済的民主主義を大切にしていた伊藤らしい議論だと思われる複雑労働論について、簡単に触れておきたい。本書では、第9章における置塩信雄との研究交流についで書かれた箇所で「価値論に関していえば複雑労働の取り扱いについても見解が分かれたままであった」（本書一六八ページ）とのみ、短く記されている。

社会全体の中での価値関係を明らかにする際に、生産技術の体系が異なる異種労働間の労働強度や熟練の程度の違いをどう考えるか。この争点をめぐり、置塩や、本書にも登場するB・ローソンらは、教育や訓練など、労働力の熟練に対象化される労働は、商品生産に用いられる機械など（不変資本）と同様に、生産物価値に移転されると論じた。これに対して伊藤は、労働能力は商品として生産されるものではなく、あくまでも人間の主体的な成長の結果として育つものであり、教育・訓練も、人間の潜勢力（潜在能力）の拡大に資するものではあれ、その成果がそのまま、生産物価値に移転されると考えるべきではない、と反論した。こうした伊藤の議論は、人々を育む様々な教育・訓練のコストが社会化された世界では、人々による多種多様な労働貢献を平等に扱い得るとする主張の論拠になり得るものである。なぜならば、教育・訓練コストを私的に負担しなくてよい世界において、社会的分業を担う人間の労働は、様々な形を持ち得る人間の潜勢力が社会的ニーズに合わせてたまたま特定の具体的有用性を持って発現したものとして、平等に捉え得るからである。そしてまた、こうした平等主義的な伊藤の労働論は、社会的には必要とされつつも、資本主義経済の下では貨幣タームでの労働生産性を上げづらい、ケア労働などについて考察する際の理論的拠り所にもなり得ると考えられる。

社会主義論に関して、本書の中で伊藤は、自分が社会主義研究を行うつもりはなかったと述べているが（本書一三七ページ）、後から振り返れば、彼が最も生き生きと、楽しんで議論展開をした研究領域の一つであったようにも思われる。伊藤が社会主義論に中心的に取り組んだ一九八〇年代後半から一九九〇年代前半にかけては、一方では新自由主義市場経済の展開による様々な社会的矛盾や不安定性が顕在化し、他方ではソ連崩壊や東欧改革と、資本主義経済への対抗軸とされていた社会が内部崩壊を起こしていく、いわば二重の閉塞感に包まれた時代であった。しかし、そんな時代だからこそ伊藤は、資本主義経済が内包する問題点とソ連型社会主義の経験から見えてきた問題点を共に批判的に論じつつ、人々の生、生活を支え、再生産する基礎となる経済の意味を考え直し、より民主的かつ効率性も維持した財・サービスの生産・分配の仕組みを構想しようと、思考実験を繰り返した。

例えばそこでは、前述した複雑労働論をめぐる伊藤の平等主義的見解も組み込んだ上で、人々が提供する労働時間とその成果がどのように社会的に配分されているかを透明化する仕組みの構築が、人々のアソシエーションに基づく労働過程の民主的・意識的管理にとって重要であると強調された。また、ソ連型社会主義の下では重視されていた完全雇用が結果的に経済の弾力性を阻害した点と、資本主義経済の下での産業予備軍が、個々の労働者にとっての失業や不完全雇用の恐怖と表裏一体の関係にある点が共に批判され、十分な生活保障を基礎として教育・訓練やその他、多面的に潜勢力を育てる機会を享受する人々を「社会主義的産業予備軍」として位置づけることの重要性が説かれた。

その後も伊藤は、地域通貨論やベーシックインカム論など、様々な今日的オルタナティブ論を社会主義との関係で論じ続けたが、そこには常に経済的民主主義を実現し得る社会とはどのようなものか、という実践的関心があったように思う。私事であるが、伊藤が亡くなる前日か二日前、何かの用事で彼が私の書斎に来た時、私はたまたまA・ホネットの『社会主義の理念』(法政大学出版局、二〇二二)を手に取っていた。伊藤は目ざとくそれを見つけ、興味津々といった顔で、私に「ホネットは社会主義についてなんて言っているの?」と問うて来たのだが、その時の私は「まだ読み始めたばかりだから、分からない」と答えることしかできなかった。結局それが、伊藤と私の間で交わされた研究に関する対話のほぼ最後のものとなった。その後、ホネットのこの著作を再び手に取る余裕もなく今日に至ってしまったが、そろそろ伊藤に残された宿題に答えるために、自分の研究も再開せねば……と思っているところである。

以上、「経済的民主主義」を考察の拠り所として、私なりに伊藤の主要研究三領域を駆け足で振り返ってみた。この作業を締めくくるにあたり、いま一度、本書冒頭に書かれた思い出に立ち返りたい。そこには、理系一家に生まれ育ち、大人になったら技術畑で役立つ人間になりたいと思っていた高校生を社会科学の学びへと誘った書として、B・ラッセルの『原子力時代に生きて Living in an Atomic Age』について触れられている。伊藤の死後、彼の書斎を眺めていたら、伊藤が亡くなる一時間前まで座っていたデスクの左脇、座ったまますぐに手が届くところに、朱赤のその小冊子が置かれていることに気が付いた。開いてみると、最後のページには、伊藤の几帳面な字で「1954.11.3-12.6」と書かれていた。多感な高校三年生の晩秋に、伊藤はこの小さな英文冊子をひと月かけて丹念に読み、「自然科学や科学技術の発達と資本主義によるその利用が生み出すゆがみや危険」(本書一三ページ)に思いを致したのか。彼が「社会科学としての経済学」を探求する長い旅路を歩む傍らに、常にこの書が置かれていたのかと思うと、胸が痛くなった。

そして同時に、伊藤にとって一生を懸けて挑み続ける巨岩との出会いを用意してくれたのもこの冊子なのか、という妙な納得感も湧いてきた。伊藤はしばしば、自分の生まれである浅草・柳橋についてふれ、「実は私はちゃきちゃきの江戸っ子なのだ」と得意げに言っていた。その流儀を真似た表現を使うならば、この書のおかげで彼は、カール・マルクスという「生涯、惚れ続けられる相手」に巡り会えたのだ。そう考えれば、彼の人生はとても幸せなものだったのだろう。好奇心と探求心に溢れた伊藤のこと、きっと今頃あちらで、マルクスを質問攻めにして困らせているに違いないと思ったら、ちょっと楽しい気分になってきた。

冒頭に書かれている通り、本書は社会主義協会の理論部長で、同協会が発行する『科学的社会主義』の編集者でもある野崎佳伸氏からのお勧めで始めた連載が基となっている。本年二月七日に伊藤が急逝し、そのご連絡をした際に、連載を本にすることをお勧め下さったのも野崎さんであった。野崎さんのお話では、連載時に彼が伊藤に書籍化を勧めた際、伊藤自身は首を縦に振らなかった。多くの方々、特にすでにお亡くなりになった方々との私的交流にも触れているので、きちんとした確認とお許しが得られないまま書籍化するのはよろしくない、ということであったらしい。しかし、伊藤の死後、あらためて野崎さんより「読者は、伊藤先生の議論内容だけでなく、その背後にある研究交流や人となりについても知りたいと思っている」とのお言葉を頂き、私自身も本書の基となった雑誌の連載文を読み直してみた。そして、様々な形で伊藤と対話をして下さったマルクス理論家の方々（その中には、紙幅の都合などで連載では言及できなかった多くの方が含まれる）に対する深い感謝の念とともに、伊藤の思索の過程を共有することの意義や楽しみを実感し、書籍化の意向を持つに至った。

専門家の方々ならば、伊藤の議論に対する批判的検討を含め、学説史的研究の一助として頂けるのではないか。ただ、可能であれば本書はより広く、これから社会科学分野での学問を志す方々、狭い意味でのアカデミズムの枠を超えて、今日の社会経済に対する批判や、よりよい社会に向けた模索をしている方々に手に取って頂きたいと思っている。今日、多様な分野において分析視角がより専門化、細分化する傾向を強めているが、そのような中にあって伊藤は、現代資本主義が露呈する様々な問題現象の細かな要因分析からその人類史的位置づけまで、分析視角の縮尺を自在に動かしつつ、「人々にとっての社会経済」の意味を考え続けた。こうした全体論的な分析視角は今様ではないかも知れないが、しかし、現状の批判的分析を新たな社会の構想へとつなげていく上では、とても大切なものと言えないだろうか。本書に描かれた伊藤の研究者としての育ち方や、様々な立場の人たちとの対話の求め方、そのやり方を追体験することを通して、読者の皆さまにこうした伊藤の視点がいかに育まれたかを感じ取って頂ければ、望外の喜びである。

伊藤が懸念していた研究者の方々との交流録部分については、私自身が一読した限り、本書にお名前が挙がっている方々に失礼がある内容はないと考えている。しかし、考えが至らない点があるかも知れない。その場合の責めは、伊藤ではなく私が負うべきであることを、一言、書き添えておきたい。

本書の出版に関しては、幸い、これまで何度か書籍や雑誌への論文掲載について伊藤がお世話になっていた青土社が、厳しい出版事情の中、お引き受け下さることとなった。その決定プロセスには、以前に伊藤の書籍の編集をご担当頂いた菱沼達也氏のお力が大きかったと伺っている。前述した野崎さんと共に、菱沼さんには、本来ならば伊藤自身が行うべき校正作業まで丹念に行って頂いた。お二人がいらっしゃらなければ、本書が世に出ることはなかった。野崎佳伸氏と菱沼達也氏のお二人に、心よりお礼申し上げます。

二〇二三年七月一二日
伊藤が愛した八ヶ岳を望む書斎にて

初出一覧

1　社会科学としての経済学を求めて――相原茂と玉野井芳郎、他（『科学的社会主義』社会主義協会、第二七七号、二〇二一年五月号）
2　『資本論』に学ぶ――鈴木鴻一郎と岩田弘、他（『科学的社会主義』社会主義協会、第二七八号、二〇二一年六月号）
3　農業問題と地代論の意義――大内力、渡辺寛、日高普、他（『科学的社会主義』社会主義協会、第二八〇号、二〇二一年八月号）
4　宇野理論の方法と現代世界の多重危機――巨匠宇野弘蔵をしのぶ（『科学的社会主義』社会主義協会、第二八二号、二〇二一年一〇月号）
5　マルクス・ルネッサンスへ――M・デサイ、M・ドッブ、B・ローソンらとの対話（『科学的社会主義』社会主義協会、第二八四号、二〇二一年一二月号）
6　恐慌論と現代資本主義の危機――A・グリン、D・ハーヴェイとの交流（『科学的社会主義』社会主義協会、第二八六号、二〇二二年二月号）
7　ソ連型社会主義の危機と崩壊――P・スウィージーとW・ブルスらに寄せて（『科学的社会主義』社会主義協会、第二八八号、二〇二二年四月号）
8　金融化資本主義とサブプライム恐慌――C・ラパヴィツァス、G・ディムスキーとの協力（『科学的社会主義』社会主義協会、第二九〇号、二〇二二年六月号）
9　新古典派経済学との対峙関係のなかで――置塩信雄、レギュラシオン学派、SSA理論とともに（『科学的社会主義』社会主義協会、第二九二号、二〇二二年八月号）
10　エコロジカル社会主義の意義――いいだもも、R・ポーリン、J・フォースター、斎藤幸平との協力（『科学的社会主義』社会主義協会、第二九四号、二〇二二年一〇月号）

本書に掲載した写真は伊藤誠氏のご遺族である伊藤（中馬）祥子氏にご提供いただきました。なお、写真に撮影者が特定できないものがございます。お心当たりの方がいらっしゃいましたら編集部までご一報ください。

著者　伊藤誠（いとう・まこと）

1936年生まれ。東京大学名誉教授。東京大学経済学部教授、國學院大學経済学部教授、国士舘大学大学院グローバルアジア研究科教授、日本学士院会員を歴任。宇野弘蔵の後継者として6冊の英文著書があり国際的評価も高い。2012年にThe World Association for Political Economy, Marxian Economics Awardを、2016年に経済理論学会・ラウトレッジ国際賞をそれぞれ受賞。おもな著書に『価値と資本の理論』『資本主義経済の理論』『資本主義の限界とオルタナティブ』（岩波書店）、『信用と恐慌』（東京大学出版会）、『逆流する資本主義』（東洋経済新報社）、『現代の社会主義』『『資本論』を読む』（講談社学術文庫）、『経済学からなにを学ぶか』『入門資本主義経済』（平凡社新書）、『マルクス経済学の方法と現代世界』（桜井書店）、『サブプライムから世界恐慌へ』『マルクスの思想と理論』（青土社）、『伊藤誠著作集』全6巻（社会評論社）など。共編著に『21世紀のマルクス』（新泉社）などがある。2023年2月7日没。

『資本論』と現代世界
マルクス理論家の追憶から

2023年8月25日　第1刷印刷
2023年9月 5 日　第1刷発行

著者――伊藤 誠
発行人――清水一人
発行所――青土社

〒101-0051　東京都千代田区神田神保町1-29　市瀬ビル
［電話］03-3291-9831（編集）　03-3294-7829（営業）
［振替］00190-7-192955

印刷・製本――シナノ印刷

装幀――水戸部功

©2023, Shoko ITOH
Printed in Japan
ISBN978-4-7917-7577-4